I0776052

Clínica y deseo: relectura de cuatro casos clínicos

Primera edición, diciembre del 2017
ISBN: 978-1981500758
Clínica y deseo: relectura de cuatro casos clínicos
© Casa Editorial Abismos
© Marcela Martinelli
Dirección editorial: Sidharta Ochoa
Diseño: D.G. Teresita de J. Ramírez O.

Clínica y deseo: relectura de cuatro casos clínicos

Marcela Martinelli

Abismos
casa editorial

A Helí

A Emi

A Luci

Agradezco en la elaboración de este libro a:
Asbel y Gaby su cercanía y apoyo.
Claudia y Héctor la traducción.
Sidharta el trabajo de edición.

Índice

Capítulo 3
Caso Lobo, Lobo

Capítulo 4
El grafo del deseo

Introducción

Me guía otro propósito. Entre nosotros no está en juego saber si el análisis es sabio o disparatado, si tiene razón en su tesis o cae en groseros errores. Desenvuelvo ante ustedes nuestras teorías porque es el mejor modo de aclararles cuál es el pensamiento del análisis, de qué premisas parte frente a cada enfermo, y qué emprende con este último. Por esa vía podrá arrojarse después una luz muy nítida sobre el problema de la práctica del análisis...

Sigmund Freud,
"¿Pueden los legos ejercer el análisis?"

Puesto que se trata de captar el deseo, y puesto que sólo puede captárselo en la letra, puesto que son las redes de la letra las que determinan, sobre determinan su lugar de pájaro celeste, ¿cómo no exigir al pajarero que sea en primer lugar un letrado?

Jacques Lacan,
"La dirección de la cura y los principios de sus poder"

El presente texto representa el deseo de indagar un aspecto de la clínica analítica que desde hace varios años ha estado presente en mi quehacer en el psicoanálisis. Dicho aspecto, es la transmisión de la experiencia analítica; la cual tiene como uno de los caminos la escritura de procesos clínicos. De retomar la escritura de algunos casos surge esta investigación, cuyo título es "Relectura de cuatro casos clínicos". En la decisión de este tema consideré los siguientes aspectos:

- Hablar de clínica en psicoanálisis es tan vasto y extenso como decir que se quiere hacer una tesis acerca del psicoanálisis. Por lo cual el primer sendero que delimité es querer abordar casos clínicos.

- Al pensar en la transmisión de la clínica, en tanto los casos clínicos, reflexioné en cómo era la herencia que nos habían dejado Sigmund Freud y Jacques Lacan.

- Primero Freud: él fue el inventor del psicoanálisis y el creador de una forma particular de transmisión. En donde se jugó enterito, —la cuestión es si le quedaba de otra— fue un valiente, en tanto nos legó la posibilidad de tener en texto la vivencia de su clínica. Los textos conocidos ahora como los casos príceps del psicoanálisis: Dora, Juanito, Hombre de las Ratas, Hombre de los Lobos y Schreber plasman la complejidad y las vicisitudes de la práctica analítica, así como los callejones sin salida a los que se enfrenta tanto el analista como el analizante. De nuevo aparece el psicoanalista vienés como un maestro pues enseña cómo a partir del errar se puede ir más allá. Freud escribió estos casos y planteó otros como paradigmáticos, es decir que no fueron sujetos que estuvieron en su consultorio, pero de los cuales realizó un estudio clínico de esas personalidades, como ejemplo tenemos: Leonardo Da Vinci y una Psicosis Demoníaca del siglo XVII. Sin olvidar, claro está, los Estudios sobre la histeria que publicó conjuntamente con Josef Breuer en 1896.

- Siguiendo con Freud, él mismo se propone como un caso al llevar a cabo o pretender realizar su autoanálisis. Tema que genera polémica, pero que para lo que nos interesa, no deja de tener relevancia ya que muestra otra manera muy subjetiva de transmitir la clínica analítica. Ya lo dice Lacan en el Seminario titulado *La ética del psicoanálisis*: "El pensamiento de Freud se desarrolla, en la medida de que el pensamiento de Freud es su experiencia".

- Primera herencia: plasmar el quehacer clínico propio y con base en ello transmitir la teoría.

- Segunda herencia: Jacques Lacan. Él aborda, en la mayoría de sus textos, (consideramos como textos a los *Escritos* y a sus *Seminarios*, partiendo y teniendo conocimiento de que estos últimos son transcripciones hechas de sus seminarios hablados, muchos de los cuales tienen un establecimiento, es decir una escritura no revisada por el propio autor) cuestiones clínicas, pero en relación a los casos de una manera diferente que Freud. Ya que reflexiona y trabaja con textos de colegas psicoanalistas. No es el decir de sus pacientes el que está plasmado. Sabemos que sí está presente y palpita en los diversos escritos del psicoanalista francés, sino difícilmente hubiera podido transmitir todo lo que nos legó. Pero a diferencia de Freud, Lacan no presenta como textos sus casos clínicos. Sino que expone y analiza ampliamente casos de colegas: Sigmund Freud, Melanie Klein, Rosine Lefort, Ella Sharpe y otros muchos a los que el psicoanalista convoca en diversos momentos de su prolífica producción teórica.

- Segunda herencia: abordar los casos clínicos de otros colegas y de allí proponer una lectura nueva de la clínica.

- Teniendo transferencia con ambas herencias realicé la segunda delimitación: escribir este texto retomando las dos experiencias. Primero abordar el caso escrito por el psicoanalista que sostuvo el análisis y segundo retomar la lectura que realiza otro analista acerca del mismo caso.

- La tercera delimitación: la más complicada de realizar, fue la que se refiere a decidir qué casos abordar y cómo. Los elegidos fueron: El Hombre de las Ratas de Sigmund Freud; El caso Dick de Melanie Klein; el caso titulado *Lobo, Lobo* de Rosine Lefort y el análisis de un sueño de Ella Sharpe.

- Cuatro casos que dieron lugar a seis capítulos.

A partir de dichas delimitaciones planteo el propósito de este libro: mostrar la riqueza teórica y clínica que se presenta en revisar, estudiar, leer y releer un caso clínico. Cómo al volver a hacer la lectura de un proceso clínico se encuentran detalles que antes no se habían hecho presentes. Asimismo, la lectura puede tomar diversos rumbos según el interés de quien lo hace; puede ser una lectura centrada en el quehacer del analista, en los síntomas del analizante, en los caminos que tomó la cura, entre otros muchos análisis que se pueden plantear de un caso.

Este escrito describe lo anterior, ya que cada capítulo tiene una estructura propia, no se presentan los casos de la misma manera. En cada uno de ellos el énfasis es puesto en diferentes aspectos de la clínica. En uno el articulador es un recuerdo-pensamiento obsesivo. En otro, la intervención de la analista juega el papel central. En el tercero el lugar de la transferencia marca el ritmo del análisis. Y en el último, diversas cuestiones clínicas relacionadas con el deseo, el sueño y las asociaciones fungen como los hilos conductores.

Comienzo con el Hombre de las ratas ya que consideró es de los casos príncipes de Freud. Es el que muestra ejemplarmente lo que Freud logró a partir de unos meses de tratamiento con Ernst, más aún, a partir de un recuerdo el análisis se adentra a toda la trama de vida de este paciente, permite elaborar cuestiones trascendentes de la infancia, adolescencia y del momento en que estaba en análisis. Asimismo, se presenta la lectura que propone Lacan de este análisis en el Seminario 0 titulado: *El mito individual de neurótico (El Hombre de las ratas). Poesía y verdad en la neurosis.* Al igual que los otros tres casos, cada uno es presentado con dos maneras de abordarlos. La primera es la del analista que estuvo a cargo del análisis y la segunda de Jacques Lacan. Lo anterior enriquece la posibilidad de pensar y repensar la clínica; ser psicoanalista implica estar interrogándose constantemente por la praxis. Y esta es una manera de hacerlo, en donde a partir de un texto y de la lectura que se hace de él, se proponen posicionamientos tanto técnicos como teóricos diversos.

Los dos capítulos siguientes presentan casos de niños. Lacan en el Seminario I titulado *Los escritos técnicos de Freud*, retoma ambos. El primero es Dick escrito por Melanie Klein, el segundo Roberto de Rosine Lefort. Algunas similitudes se encuentran en estos dos casos. Ambos son escritos por mujeres, se trata de dos varones, de edades muy similares, el diagnóstico al que llegaron a análisis era de psicosis o de esquizofrenia. Lacan los presenta con mucho respeto por lo allí planteado, así como expresándose con halago a las analistas, esto no le impide proponer un abordaje diferente de lo leído en las dos presentaciones. Aquí se plasman las dos lecturas, presente en primer término la realizada por las analistas. Es importante mencionar que el texto de Rosine Lefort que se trabaja es el que ella comparte en el Seminario I de Lacan, en la clase del 10 de marzo de 1954.

El cuarto capítulo, nombrado "El grafo del deseo", se estructura de diferente manera que los otros. En este no se escribe acerca de una experiencia clínica, sino que es preludio a la presentación del caso Roberto de Ella Sharpe. Esto fue así ya que en la escritura apareció como indispensable, primero trabajar la propuesta de Lacan del grafo del deseo, ya que el abordaje que postula en el seminario 6: *El deseo y su interpretación*, se centra en la propuesta que deviene acerca de cómo pensar el deseo a partir de la escritura del grafo. Por ello en este cuarto capítulo se abordan los elementos que estructuran esta forma gráfica en la que se piensa y analiza el deseo.

Ella Sharpe y un sueño, es el título del siguiente capítulo. Allí presentó algunas cuestiones a destacar del texto titulado "Análisis de un sueño" que forma parte del libro *Dream Analysis*, publicado en 1937; donde la analista presenta el caso Roberto. Como se leerá esta experiencia clínica se basa en múltiples asociaciones anteriores y posteriores al recuerdo del sueño del paciente. Es un caso bastante complejo por la riqueza de material significante que la analista nos heredó, por lo cual se decidió presentar este caso en tres capítulos, este primero en el cual se abordan las cuestiones desde el punto de vista en que Ella Sharpe lo da a conocer.

En el capítulo sexto se presenta la lectura que hace Lacan acerca del caso de Sharpe, en el seminario dictado durante los años 1958 y 1959 nombrado como *El Deseo y su interpretación*. La aproximación que nos aporta a esta experiencia clínica dista mucho de lo que Ella Sharpe transmitió en su texto, de allí que nos pareció de un gran valor clínico y que cubre con los objetivos que tuvo esta investigación, a saber, dar nueva vida a casos escritos por colegas, en donde la lectura y revisión que se realizó de estos, posibilitó y posibilita siempre abrir un más allá en la práctica analítica.

Para terminar, se presenta la traducción realizada expresamente para esta investigación del texto mencionado con anterioridad "Análisis de un sueño". Se propone como parte del libro ya que implicó un trabajo teórico importante que a su vez posibilitó la estructuración de los últimos capítulos.

Capítulo I
El hombre de las ratas

Si siempre volvemos a Freud es porque él partió de una intuición inicial,

central, que es de orden ético.

Jacques Lacan

Este caso escrito por Freud en 1909 y titulado *A propósito de un caso de neurosis obsesiva "el Hombre de las Ratas"* contiene en su presentación diversos aspectos clínicos importantes. Se pueden tener variadas lecturas, según lo que se destaque de él. Por esto ha habido heterogéneos abordajes al paso de los años. Una de ellas ha sido la que Lacan realiza en el Seminario 0 titulado: *El mito individual del neurótico: Poesía y verdad en la neurosis* en 1953. En este apartado se retomará la presentación de Freud de su material clínico y las nuevas aportaciones que Lacan dio de este en el seminario citado, así como en algunos otros textos.

Freud: A propósito de un caso de neurosis obsesiva

En la primera parte titulada *Del historial clínico* se expone detalladamente el caso de este hombre llamado Ernst Lorenz, abogado de 29 años que visita Freud en 1907. Llega al consultorio por la transferencia a un texto del psicoanalista: *Psicopatología de la vida cotidiana*; el análisis tuvo una duración de un poco menos de un año (11 meses), en el cual, según Freud, cedieron algunos de los síntomas del sujeto, sobre todo las representaciones obsesivas que lo atormentaban.

Se propone que desde los 6 o 7 años este hombre tenía ya definida y establecida su estructura: su neurosis obsesiva. La cual, en resumen, consistía: "una pulsión erótica [mirar] y una sublevación contra ella; un deseo (todavía no obsesivo) [ver a mujeres desnudas] y un temor (ya obsesivo) [algo malo le va pasar al padre] que lo contraría; un afecto penoso y un esfuerzo hacia acciones de defensa: el inventario de la neurosis está completo"[1]. La instauración de la neurosis la encontramos en la infancia del Hombre de las Ratas ligada a su sexualidad y a todos los avatares que ésta conllevó.

En su segunda sesión el paciente habla de su gran temor obsesivo (así lo nombra Freud). Este es el conocido temor-fantasía de la penetración por el ano de ratas. Dicho temor-placer resurge al escuchar al capitán Nemeczek (el capitán cruel) contar acerca de una tortura practicada en Oriente, que consistía en que ratas penetraran por el ano del torturado. A las nalgas se fijaba un orinal (tubo) en que se agitaba previamente una rata, la cual era excitada con una varilla al rojo vivo, el animal trataba de evitar la quemadura y penetraba por el recto del supliciado provocándole heridas sangrientas. La rata, al cabo de más o menos media hora, moría asfixiada, al poco tiempo el torturado también.

Al Ernst escuchar el relato, se le impone que la tortura le podría suceder a dos seres amados por él: la dama (su amada) y a su padre.

---

1 FREUD, Sigmund. A *propósito de un caso de neurosis obsesiva: El hombre de las ratas.* Amorrortu Editores. Argentina. 1989, p. 131.

Ante la anterior fantasía viene la sanción de estos deseos y un deber que tiene que cumplir, y hace las veces de un mandamiento-juramento, que consiste en pagar por la devolución de los lentes que olvidó, pero justamente a un Teniente que no se había encargado de la devolución. Convierte una deuda en algo impagable, elevó un mandamiento a modo de juramento "Tú debes devolver al Teniente Primero A las 3.80 coronas" lo imposible de cumplir con esta imposición es que se basa en un error sabido, por lo que el juramento se le convierte en un martirio, presente en todo momento como representación obsesiva. Entonces siente angustia por lo que podría pasarle a sus seres amados (por lo que él les desea) y a la vez lo atormentan (como al torturado) pensamientos, actos, delirios, en fin, significantes obsesivos ante lo impagable. Aquí surge la pregunta obvia ¿Qué será lo impagable en este sujeto? Qué tanto horror y placer le provoca. Continuemos para poder responder más adelante.

Freud plantea que las acciones obsesivas, así como las representaciones, se las puede plantear en dos tiempos y en secuencias invertidas. Se presentan como compulsiones: contar, comprender, proteger. También como pensamientos y hasta delirios. A lo que se remiten es a una pulsión sexual irrefrenable. Lo siguiente lo demuestra:

- Su dama se va a cuidar a la abuela enferma, Ernst refiere un impulso muy grande de matarse. Al analizar la situación se presenta lo siguiente: ante la imposibilidad de satisfacer el deseo de estar con la dama, piensa: debo ir a matar a la abuela que me lo impide e inmediatamente aparece la culpa y el autocastigo: yo me debo matar. Lo que el sujeto trae: impulso de matarse vendría a ser el segundo tiempo, ya que el primero sería matar a la abuela, y eso le provoca culpa y angustia. Las cuales ya venían desde los deseos sexuales que sentía ante la dama.

Podemos decir el primer tiempo de este pensamiento obsesivo queda plasmado inconscientemente y, aparece el segundo tiempo en primer lugar, sin un aparente sentido y sin conexión con la realidad externa ya que obedece a la verdad del inconsciente.

¿Un pobre padre?

La relación con su padre forma parte importante de sus pensamientos obsesivos y de sus compulsiones repetitivas. Tiempo después de la muerte de su padre (muere en 1898, cuando Ernst tenía 20 años), habla de él como si siguiera vivo. Se reprocha no haber estado en el momento de su muerte, las recriminaciones llegan hasta sentirse un criminal. Lo anterior se enlaza con por lo menos tres veces que deseó la muerte de su padre:

- La primera se presenta a los 12 años, relacionado con la obtención del amor de una niña. Su pensamiento es: la niña me corresponderá (al amor) sí me ocurre una desgracia, que puede ser la muerte de mi padre.
- "Por la muerte de mi padre yo sería tan rico que podría casarme con la dama" esto lo pensó medio año antes de que ocurriera el deceso.
- Por último, el día anterior de la defunción dijo: "Ahora es posible que pierda al ser que más amo."[2]

2   *Ibíd.*, p.142.

El paciente se sorprende de haber tenido estos pensamientos como deseos, ya que representa lo más temido. Se puede decir lo más temido es lo más añorado, la culpa-angustia que se genera es ante este deseo de muerte, pero si vamos más allá encontraremos la ligazón que presenta con la excitación sexual y cómo el padre se posiciona como quien puede poner un límite a esto, una ley. Lo anterior, conlleva algo ambivalente amor-odio que se le impone en sus representaciones obsesivas. Por ejemplo: pensar que algo malo le puede pasar a sus seres amados. Freud dice: "ese amor intenso es la condición del odio reprimido."[3]

El padre también se encuentra en el origen de la manifestación de la enfermedad. La elección que Ernst debe hacer entre la prima que ama y la mujer rica que le propone su madre por "convenirle"; lo remite a la elección que su padre debió afrontar entre casarse con la amada (pobre y linda) o la fea y rica esposa propuesta. El padre renunció al amor al escoger la mujer rica; para el hijo se presenta como insoportable estar ante la disyuntiva, pero sobre todo el dilema es: repetir al padre o forjarse su propia historia, afrontando lo que eso implica.

La identificación con este padre tironeado por un entre dos: su deseo y su conveniencia, es para el Hombre de las ratas una parte del conflicto ante su progenitor y lo que le representa.

Otra parte, a lo mejor la central en esta neurosis, es la que se relaciona con la sexualidad. Freud plantea: el lugar del padre como perturbador del goce sexual. El trabajo analítico permite plantear *una construcción en el análisis*, es decir, a partir de lo relatado por el paciente acerca del onanismo en su vida se hace una reconstrucción analítica

3 *Ibíd.* p. 143.

de lo que sucedió. Su vida sexual comienza en la temprana infancia, a los 4 o 5 años y se manifiesta en la pulsión de ver, la cual al igual que las erecciones que tiene son sofocadas y después de muchos años se presenta la masturbación —a los 21 años— posterior a la muerte de su padre. Llama la atención la gran represión que se vivió en los años de adolescencia. "Quedaba muy avergonzado tras cada satisfacción y pronto volvió a abjurar de ellas. Desde entonces el onanismo sólo afloró en raras y muy singulares ocasiones. Lo convocaban momentos particularmente hermosos que vivenciaba…"[4] Como ejemplo, cuando releyó el texto de Goethe "Poesía y verdad" en donde relata cómo se salvó de una maldición amorosa. Lacan este pasaje lo retoma, de allí el título que tiene el seminario dedicado a este caso. Freud en lo que marca una puntuación que le permite proponer la construcción es que ante la masturbación, en el sujeto se presenta la prohibición y el sobreponerse a un mandamiento. A saber, la prohibición ante la satisfacción que dicho acto le producía y el tener que acatar un mandamiento que se imponía de no masturbarse. La construcción que hace Freud es: "de niño a la edad de 6 años, él ha cometido algún desaguisado sexual entramado con el onanismo, y recibió del padre una sensible reprimenda…"[5] Dicha construcción fue confirmada por el paciente al recordar que ante un acto incorrecto hecho por él (es cuando muerde a su Nana), su padre le pegó, a lo cual él respondió con una gran ira que expresó gritándole diferentes significantes que ocupaban el lugar de insultos. El padre expresó una frase que para el paciente fue una sentencia, un destino que cumplir: "¡Este chico será un gran hombre o un gran criminal!"[6]

4 *Ibíd.*, p. 160.
5 *Ibíd.*, p. 161.
6 *Ídem.*

Aquí se presentan varias disyuntivas, que llevan a decisiones que el sujeto debe tomar, a veces se presentan como imposiciones y como dudas obsesivas. Decidir su satisfacción o reprimirla, ejemplo ante el viaje de la amada a ver a la abuela; ser él un gran hombre o un cobarde, ejemplo como vive la muerte de su padre: el no haber estado con él el día de su muerte lo lleva a sentirse un criminal, esto aunado con la ambivalencia que sentía ante este deceso. Acá también vemos a un sujeto tachado por el lenguaje, en falta, o se es una cosa o no se es. La dificultad es ¿qué es ser un gran hombre, para un padre, que en algún lugar traiciona su deseo? ¿Será el también traicionarse, o ponerse diversas encrucijadas, como la deuda impagable hacía el teniente A? En las compulsiones, dudas, representaciones obsesivas estaba la posibilidad de vida de este sujeto hasta antes de llegar análisis. Ya que después tomó decisiones que cambiaron su destino-sentencia (¡Este chico será un gran hombre o un gran criminal!), como casarse con su amada-prima y concluir la carrera de abogado.

Ratas:

mordida, cuotas, dinero, rabo, pene, hijo, matrimonio;
Significante

El gran temor obsesivo es hacía lo que representa el significante rata (*Ratten*), en tanto se relaciona con otros significantes que remiten a diversas situaciones que conforman el psiquismo de este sujeto. Freud tituló este caso: El hombre de las ratas, ya que ese fue el significante que lo atormentó y del cual se aferró durante largo tiempo. "La representación del castigo consumado con las ratas había estimulado cierto número de pulsiones, despertando una multitud de recuerdos, y por eso las ratas… habían adquirido una serie de significados simbólicos…"[7]

En Ernst se remonta la existencia de este significante mucho antes del encuentro con el Capitán cruel que cuenta el tormento. Específicamente se presenta en la reprimenda que le hace el padre por morder a alguien, esto sucede a sus 3 o 4 años. Él como una rata que muerde a alguien cercano (Nana) y que merece un castigo, y esta reprimenda la ejerce el padre, quien encarna la ley. Desde ese tiempo este significante acompañó la obsesión de este sujeto de diversos modos. De chico tuvo parásitos-lombrices, las cuales se sentían como algo que hurgaba por el ano, esto lo asocia con las ratas, asimismo está implícita una excitación anal, algo que se siente en el ano, con forma de lombriz, lo que nos acerca a una excitación homosexual —erotismo anal—, donde la ecuación es lombrices-ratas-pene. También comenta de las lavativas que le hacían, de nuevo algo que se introduce por el ano, lo cual remite a la fantasía-fantasma del tormento contado por el Capitán Cruel. Lombriz-rata que excita por el ano; de allí esa manera gozosa de contar tanto el tormento como las asociaciones.

En este mismo sentido, son las asociaciones con la infección sifilítica del padre. Sería de esta manera: las ratas representan algo mugroso, portadoras de posibles infecciones; asimismo la enfermedad del padre conlleva una conducta sexual dudosa, una conducta mugrosa, una conducta de rata. Aquí rata lleva pensar en pene pero también en dinero, en alemán cuotas se dice *raten*, es decir se pronuncia igual que *ratten* (ratas). Además de la similitud de pronunciación y de escritura, para este hombre al pensar en dinero, en los florines, inmediatamente

<hr>

7 *Ibíd.*, p. 167

asociaba, tantos florines tantas ratas, lo cual se relaciona con el pago a las prostitutas y a su analista. Ante una conducta reprobable (tanto de él y de su padre) ¿no queda más que pagar con ratas (cuotas-*raten*) o ser una rata (*ratten*)? Ambas cuestiones están involucradas, ya que se es como una rata despreciable que paga y que puede tener deseos homosexuales o se queda en deuda al no pagar la cuota.

El dinero se vuelve algo inmundo y problemático. Como en el caso del padre, elige la mujer rica (prefiere el dinero) que el amor. El dinero encierra una deuda, la deuda con el deseo, con el amor. Deuda que es instalada por un Otro: el padre, el Capitán Cruel, en tanto el deseo es siempre deseo de Otro; por esto también el paciente hace todo el enredo de deber pagar alguien que no es, un dinero que no se debe, quedándose con la deuda perpetua del dinero, que lo que revive es la deuda perpetua con el deseo y la culpa de sentir este deseo, y asimismo ese deseo queda pujando en el inconsciente. Como él y el padre, hombres endeudados con su deseo, por sentir algo más por otras mujeres o por otros hombres.

Una vuelta más en lo concerniente al dinero y al padre. La deuda con respecto al dinero no tan solo fue en lo simbólico, sino también en lo real. Su progenitor por apuros de juego, pidió dinero a un amigo, al cual no se supo si le pagó; para Ernst quedó el enigma de la deuda. Su padre permaneció como una rata de juego (jugador empedernido) en deuda, que en alemán se dice *Spielratte*. ¡Bueno más obsesivo, ni las ratas!

Freud plantea que todas las representaciones obsesivas se revivieron a partir de la actualización que tiene el significante rata que evoca el Capitán Cruel.

Todavía hubo más asociaciones hechas por este hombre con respecto a las ratas. Ya planteamos: él como una rata que muerde, su padre como roedor mugroso, dinero, lombrices, pene… ratas.

Otras asociaciones: casamiento, hijo.

En alemán casarse se escribe *heiraten*, lleva la palabra rata al final, podemos decir en este sujeto lleva todo el tiempo la representación obsesiva de la duda e indecisión que traía consigo tomar la decisión de un matrimonio, desde sus padres hasta él mismo. La incertidumbre ante casarse con su Dama se planteaba por el hecho de que ella no podía tener hijos y para él ese era un anhelo. El obstáculo mayor es que ella era su prima y no era querida por el padre de Ernst. Por lo tanto la decisión estaba entre quedarse con la dama sin hijos o dejar a ella, con la posibilidad de sí tener descendencia con otra mujer. Freud plantea que *heiraten* viene a ocupar el lugar de una ocurrencia encubridora de esta indecisión que lo atormenta y que al tiempo le genera culpa. Culpa de nueva vez ante el deseo, de procrear hijos.

En cuanto a la asociación de las ratas con los hijos se presenta algo esencial en la constitución de este sujeto, ya que lo que nos muestra esta asociación es la vivencia encarnecida y padecida de él como una rata: inmunda, roedora y que puede ser castigada, azotada y matada. Lo anterior se plasma al hecho de que en sesión tiene un recuerdo lejano. Un día visitando la tumba de su padre ve que por atrás se escapa un animal grande, que supuso era una rata. Pensó que la rata se estaba dando un banquete con su padre, la cual merecía castigo y la relaciona con él Freud dice: "Y él mismo era un tipejo así de asqueroso y roñoso, que en la ira podía morder a los demás y ser por eso azotado terriblemente. Real y efectivamente podía hallar en la rata 'la viva imagen de sí mismo'"[8] Se nos refiere que la asociación ratas-hijos viene del *flautista de Hamelín* que, así como atrajo a las ratas al río, también sedujo a los niños.

Una última y contundente asociación: la madre al peinarse, llamaba a sus cabellos *rabo de rata*. Con todo lo anterior no le quedaba más que ser una rata, en tanto hijo de padre y madre ratas.

Hasta aquí se han planteado las cuestiones clínicas fundamentales del caso, las representaciones obsesivas, las dudas y los miedos. Continuaremos con las puntualizaciones e interpretaciones teóricas de Freud ante su caso.

Relato, tortura

Es en el orden del lenguaje donde se ubican las vueltas de esta representación obsesiva (la tortura de occidente), lo plasman: el relato y las asociaciones.

Una propuesta: el personaje más importante en este relato es el padre; aunque parezca el sujeto o el Capitán, desarrollemos por qué.

Dos cuestiones fundamentales. El lugar del torturador lo tiene el padre, así como el de quien se verá afectado en un futuro por el quehacer de su hijo, recordemos que el padre había muerto 15 años antes, es decir es ante lo que representa éste que se le asignan estos lugares, de nuevo estamos en el campo del lenguaje. Planteémoslo con detalle: al oír al Capitán Cruel, el paciente hace una conexión

8   *Ibíd.*, p. 169.

entre él (el Capitán) y su padre, ya que ambos pueden ubicarse como castigadores; el primero que cuenta la tortura y el progenitor que lo castigó mas de una vez, años antes. Como un Otro, una ley que detenta un saber sobre lo que está bien y mal (en el caso del padre este saber se refiere a la sexualidad de él) y después que pueden ejercer un poder violento (ejemplo pueden leer sus pensamientos). Algo esencial es que el padre tiene el lugar de torturador pero en falta, es decir un torturador sifilítico. Entonces, si el deseo de Ernst está en relación con el de su padre, su deseo está podrido, en falta, que denota una sexualidad prohibida-homosexual-escondida-enferma.

La segunda cuestión: Ernst después de escuchar el relato, tiene inmediatamente el pensamiento de que podría sucederle algo malo a su padre o a la dama amada, lo que muestra en términos freudianos una moción de deseo "ojalá y le suceda algo malo a mi padre por castigador y mi amada por no darme un hijo", ambos detentan un poder abrumante ante este sujeto, poder que tiene que ver con el ejercicio de su sexualidad, una gran culpa ante la satisfacción, que se conectará más adelante con la posición ante el amor ¿realmente alguno de ellos me ama?, ¿alguien me amó? Dudas que lo atormentan, como el tormento de la rata, ante el primer tormento sobreponer o más bien imponer este segundo, formación de compromiso, salida dolorosa ante la peor incertidumbre ¿tiene el amor de alguien?

Regresemos un poco. Este deseo de que algo malo le pueda suceder a sus seres amados le genera mucha culpa y se impone un castigo como mandamiento, que versa así: debe pagar al Capitán A por la devolución de sus anteojos, aun sabiendo que la deuda no es con él, no sin consecuencias la deuda la tiene con una mujer, la encargada de la oficina postal. Pero se impone la deuda ya que quien se lo dice —El Capital Cruel— está en el lugar del padre.

Podemos ir amarrando hilos, la posición del hijo se vuelve totalmente vulnerable ante la palabra de Otro (y ante este deseo otro terrible de no satisfacción) que detenta un poder ante él, hasta el extremo de no contradecirlo ante un error. Frente a los errores del padre, —que hubo muchos y terribles: deudas de honor y de ética ante el deseo— se presentan como formas de vida estas representaciones obsesivas (mandamientos, dudas, compulsiones) que conforman lo insoportable de su obsesión. Podemos plantear la neurosis de la siguiente forma: expiar la culpa que engendra tener un padre como el que tuvo y el odio que esto conlleva y por otro lado, se crea una deuda impagable —con el deseo—, quedando en falta. Freud plantea un doble movimiento de negación, primero niega saber que el Capitán está en un equívoco y segundo niega su primer pensamiento: no pagar la deuda, es decir, no pagar por la devolución de sus anteojos. Esto último lo pondría en el mismo lugar que a su padre, en deuda y efectivamente fue el lugar que ocupó por un tiempo en deuda con la encargada del servicio postal. El castigo ante todo lo anterior fue imponerse un juramento imposible de cumplir: pagar una deuda no contraída por él sino por su padre. Deuda ante el deseo, el amor, la mujer, el hombre, no queda más que decir deuda de ser un pobre padre, en todos los sentidos de la frase.

De allí que nos aventuremos en la propuesta de que el personaje central de la representación obsesiva del sujeto sea su padre, su síntoma es su progenitor.

Hace unas cuartillas se planteó una pregunta ¿Qué será lo impagable? Una respuesta: la posibilidad de tener otro lugar que el de ser una rata. Él se siente una rata inmunda, roedora que hay que aniquilar. Obvio: rata venida de rata, es decir con ratas como padres.

Lugar heredado por la posición del padre ante el amor y el deseo. No hay precio para salirse de ello, más que una deuda perpetua de saldar; eh allí lo impagable, eh allí que hace de las suyas la neurosis. Después del análisis con Freud puede hacer frente a su deseo: titularse, casarse y también por qué no, morirse (recordemos que poco tiempo después muere en la guerra).

Puntualizaciones teóricas

El sujeto obsesivo está dolido de un texto que se impone como ajeno. Las representaciones obsesivas —pensamientos— se presentan totalmente desfiguradas de su contenido inconsciente, Freud plantea: "lo que deviene consciente son formaciones de compromiso entre las representaciones reprimidas y las represoras."[9] La represión, pilar de la teoría psicoanalítica se presenta en la estructura de los neuróticos obsesivos como diferente que en la histeria, en la cual se produce por anamnesis —lo inconsciente está olvidado— , en cambio en la obsesión se origina por ruptura de los enlaces de las causas originales, por la sustracción del afecto que conlleva (excitación sexual). Estos nexos —enlaces— aparecen después proyectados al exterior y es allí como se da la vivencia de extraños, ajenos al sujeto. A veces como admonitorios, otras como pensamientos sinsentido.

A pesar de lo anterior, las representaciones obsesivas llevan en su desfiguración las huellas del texto original, por ejemplo, en las asociaciones que se realizan ante un pensamiento y en las fórmulas protectoras que utilizan los obsesivos.

---

9   *Ibíd.*, p. 173.

A continuación, algunos pasajes vividos por el Hombre de las ratas que muestran las diferentes formas de los textos obsesivos.

Al presentarse la excitación sexual, "ver a una mujer desnuda", inmediatamente viene el temor obsesivo que debe ser cancelado a través de una medida protectora, ésta generalmente es una imposición compulsiva: rezos, plegarias interminables. O esta otra representación "si me caso con la dama, a mi padre le ocurrirá una desgracia en el más allá", entonces aparece la duda si casarse con la dama amada o con la mujer que le proponen.

Freud nos muestra un ejercicio genial del manejo de los significantes. Lleva a cabo un análisis escrupuloso de lo que conllevaba para este sujeto una palabra protectora, que tenía lugar como un ensalmo. Esta era *GlejSamen*: se origina como medida protectora, que no le suceda nada a su prima por su masturbación, es decir frente a sus impulsos sexuales que como el Hombre de las ratas lo señala empezaron muy temprano (a los 4 o 5 años). Significante que, como todo significante, remite a varios otros. Los más significativos:

Gisela: nombre de su amada

Amén: remite a la religión

Samen: semen

Para él estaba incluida la condensación del nombre de su amada y el amén. Solamente, por las asociaciones surge la palabra semen allí puesta a simple vista (como la carta robada del cuento de Alan Poe), la cual se la quiere reprimir. Junta a la amada y al semen a través de la masturbación y esto lo lleva a rechazar el onanismo, por medio de los rezos. Pero allí vuelve a aparecer el semen, ya que al terminar de orar en vez de decir amén se le impone la palabra semen, por lo que debe iniciar las plegarias y estas se vuelven interminables.

Como en otros momentos, la sexualidad irrumpe, pulsa y se muestra. Recordemos otras veces, como cuando rezaba en medio de la plegaria se le atravesaban pensamientos incómodos que hacían que los rezos se volvieran interminables, es decir compulsivos.

Otro ejemplo: sueña que desea enviar, nada menos que, a su analista una tarjeta de condolencias por la muerte de su madre, en vez de poner p. c. (por condoler) mis condolencias, escribe p. f. (*pour féliciter*) mis felicitaciones. Ejemplo claro de porque Freud dice que el sueño es una realización figurativa de deseo.

Lo que se muestra y su más allá

La manifestación de la enfermedad en el Hombre de las ratas se presenta a los casi 30 años y es ocasionada por tener que tomar una decisión, lo cual lo pone en conflicto, veamos todo lo que está en juego. Debe elegir entre dos mujeres, una que ama y otra que no. Esta situación lo remite al padre quien años atrás estuvo en una situación similar y eligió a la "mejor mujer" y sacrificó el amor. La elección de Ernst es entre hacer lo mismo que su padre o quedarse con el amor a la dama quien representa su objeto sexual. Y esto a su vez lo lleva a asociar con su primera infancia en donde por una injerencia de su progenitor, debe Ernst reprimir un deseo sexual irrefrenable: "La fuente de la cual la hostilidad contra el padre obtiene su indestructibilidad pertenece evidentemente, por su naturaleza, a los apetitos sensuales, a raíz de los cuales ha sentido al padre, de algún modo, como perturbador."[10] Esta precoz vivencia se actualiza constantemente en los síntomas obsesivos, cuya formación de compromiso se expresa en la representación obsesiva de las ratas,

10   *Ibíd.*, p. 144.

con la cual se anudan los demás síntomas: duda, compulsión, etcétera.

La duda en la obsesión posibilita al sujeto vivir en la incertidumbre, esquiva la verdad que lo atormenta, centrándose en detalles que olvida y los cuales lo llevan a la vacilación; por ejemplo, el Hombre de las ratas duda si quitar o no una piedra del camino (hermosa frase, que en sí misma dice mucho más allá, que lo fenomenológico que presenta), después se impone un castigo, si no la quita algo malo le va pasar a su amada, con lo cual regresa y quita la piedra. Pero se arrepiente de ello y vuelve a poner la piedra en el camino. En este actuar entran en juego las mociones de amor y odio.

La incertidumbre también se presenta ante hechos difíciles de comprobar como pueden ser: la duración de la vida, cómo trabaja la memoria, la certeza de la filiación paterna, entre otros.

En la obsesión algunos pensamientos se los vivencia como omnipotentes pueden determinar diversas cuestiones, que ya estaban determinadas, por ejemplo desear la muerte de alguien y que ésta suceda. Ernst relata que conoció a hombre mayor y le deseo la muerte. El anciano a l poco tiempo murió. Por lo cual él se sintió terriblemente culpable. Asimismo, con esta omnipotencia se vive una sobreestimación de lo que sus pensamientos pueden llegar a hacer, lo anterior se debe al odio reprimido que puja constantemente por salir, y a veces lo logra.

La imposibilidad a decidir algo referente al amor nos remite al origen, dónde en el sujeto se libra un combate entre amor-odio. Este último permanece reprimido pero puja por salir y el incremento de amor para frenar el odio, conlleva una parálisis, detenerse a dudar ante la toma de decisión, la cual se difumina en todos sus actos, que implican al sujeto en una toma de decisión.

Entonces la duda, nos dice Freud: "corresponde a la percepción interna de la irresolución que se apodera del enfermo a raíz de todos sus actos deliberados, como consecuencia de la inhibición del amor por el odio"[11] Lo más doloroso en la obsesión es lo siguiente: si se duda de lo que subjetivamente tendría que ser lo más cierto, del amor, lo que lleva a preguntarse ¿Alguien me amó? ¿Alguien me ama?, está totalmente justificado dudar de todo. Es decir, sí la raíz está endeble, por ende el resto del árbol también, y difícilmente florecerá. La duda profunda es de su lugar ante el amor y surge a partir de la duda originaría, si alguna vez él fue amado, fue deseado y ello remite a los padres.

La misma incertidumbre se vive sobre las medidas protectoras que el sujeto se impone, de allí la repetición de los actos protectores, lo cual los convierte en incumplibles. Retomemos para ejemplificar lo anterior, los rezos: "…se había instituido unas plegarias que poco a poco le fueron insumiendo hasta una hora y media, porque en las fórmulas simples se inmiscuía algo que lo trastornaba hacia lo contrario; 'Dios —no— lo proteja'"[12], o al termino de las oraciones en vez de decir amén enuncia la palabra *samen*: semen, lo cual hace que el orar se vuelva interminable e incumplible.

La repetición en la que está apresado se relaciona con la compulsión, la que se plantea con dos objetivos. Uno compensar la duda que se le impone; y dos rectificar el estado de inhibición —parálisis— por el amor-odio. Esta compulsión se exterioriza en

11   *Ibíd.,* p. 188
12   *Ídem.*

mandamientos y prohibiciones, por ejemplo, el mandamiento de pagar la deuda, por sus lentes, al Capitán A sabiendo que a él no le debía nada, ya que el pago lo había hecho la encargada de la oficina postal. La compulsión tiene su origen en la pulsión inhibida en la represión, es decir de allí su energía en el amor-odio, por eso a veces se presentan como hostiles o tiernas.

Las compulsiones se presentan en el campo del lenguaje, en los pensamientos, debido a la regresión del actuar al pensar. Lo anterior se debe a la represión prematura de la pulsión sexual, en el caso de este hombre la represión de ver y saber. Ejemplo: cuando de niño muerde, la pulsión sexual se reprime y queda el castigo del padre, lo cual se manifiesta en un odio hacía este que sale a la luz en diversos modos. Uno claro es: cuando desea ver a una mujer desnuda el pensamiento que lo invade es que su padre debe morir.

Con respecto a la pulsión de saber (acerca de la sexualidad) el pensar obsesivo se vuelve sustituto de la satisfacción sexual, como se dice vulgarmente son "chaquetas mentales" con todo y orgasmos.

La satisfacción genera culpa (ser una rata que muerde y debe ser castigada) y se vive la necesidad de castigo. Todo lo anterior son procesos inconscientes.

Las compulsiones-pensamientos (temor a las ratas) se presentan en la conciencia del sujeto como desfigurados y aislados del texto original, de la pulsión sexual y su satisfacción; se manifiestan como textos indeterminados, ambiguos que generan los delirios —como malos entendidos—. Las compulsiones subsecuentes se anudan a este nuevo texto y no al originario, por lo cual parecen sinsentidos, verdaderos delirios. Aunque a su vez se esfuerzan por traer a la luz el texto príncteps.

Hasta aquí lo que Freud nos propone como el caso de este hombre. Como se leyó nuestra presentación conlleva una lectura lacaniana de lo planteado en el texto freudiano, de allí que se plantee la posibilidad de hablar de los casos desde un lugar otro.

Ahora vamos a la propuesta de Jacques Lacan.

El hombre de las ratas de Lacan

Lacan con este seminario comienza una manera de transmitir el psicoanálisis que duró un poco más de 20 años. Consistió en ir desarrollando temas de su investigación psicoanalítica ante auditorios de analistas y de otros profesionistas. Incluido en esta enseñanza fue el análisis de casos, si bien empezó con esta práctica un año antes donde revisó el Caso Dora de Freud, se tiene documento escrito a partir de 1953 con este texto titulado "El mito individual del neurótico (El hombre de las ratas). Poesía y verdad en la neurosis"; título explícito que deja ver los rumbos que tomará para su lectura-interpretación de este caso prínceps.

Al inicio del seminario expone su objetivo:

Ejemplificar la existencia de un cierto número de formaciones que comprobamos espontáneamente en lo vivido, en la experiencia, en los sujetos neuróticos… el mito del complejo de Edipo… en tanto está en el centro de la experiencia analítica… y lo que nos permite en un segundo momento comprender cómo la teoría analítica se extiende en el interior de la distancia que separa el conflicto fundamental que, a través de la rivalidad con el padre, vincula al sujeto a un valor simbólico fundamental.[13]

Lo que se acentúa en este objetivo es el mito, considerar las manifestaciones de los sujetos como lo que conforma el mito de cada uno. Lo define como la representación objetivada de un *epos*, de un gesto que expresa imaginariamente las relaciones del sujeto en una época determinada. Se trata de una fórmula discursiva de lo que no puede transmitirse al abordar la verdad. Ya que ésta al querer bordearla con la palabra se escapa, por lo cual sólo puede ser expresada en forma de mito. En psicoanálisis el mito por excelencia es el complejo de Edipo. Con lo anterior, Lacan está retomando a Freud, pero también a Levi Strauss en el texto de *Estructuras elementales del parentesco*.

Estudia este caso, sabiendo que se trata de una neurosis obsesiva, pero su lectura la plantea en un más allá de lo que burdamente se decía de esta estructura (tensión agresiva, fijación pulsional) y también más allá de la fantasía de la rata introducida por el ano. Su paso avante va en el sentido de que dicho fantasma actualiza temas neuróticos de angustia.

Cada caso, lo hemos repetido desde la introducción debe trabajarse en su singularidad. Retomando este postulado el psicoanalista francés propone el concepto de constelación familiar (constelación en su significado astrológico) como el conjunto de elementos que conforman al sujeto desde antes de su nacimiento, lo cual remite directamente a los padres. Esto es lo que constituye el mito de sujeto y por ende está circunscrito en el complejo de Edipo.

13   LACAN, Jacques. *El mito individual de neurótico (El hombre de las ratas). Poesía y verdad.* 1953 p. 3

"Constelación original… eso de lo cual dependió su nacimiento y su destino, su prehistoria incluso a saber, las relaciones fundamentales que presidieron la unión de sus padres…"[14] De aquí se forja la representación familiar que el sujeto tendrá y de allí parte su neurosis obsesiva. Esta leyenda familiar se constituye por el relato de cómo se concibió la unión de sus padres, es lo que crea la constelación familiar a la que se une este hombre en particular, y todos los hombres en tanto procreados por otros sujetos. Podemos cerrar esta idea: la leyenda familiar crea discursos que se transmiten como los mitos de la familia, los cuales se repiten y remiten a un más allá del sujeto que lo constituye y le imponen una serie de posibilidades e imposibilidades de estar y ser en la vida, que son los síntomas con los que se presenta un sujeto; por ejemplo, la neurosis obsesiva de Ernst Lanzer. "Trasposición en otro lenguaje figurativo y completamente apercibido para el sujeto, de algo que no se comprende más que en términos de discurso".[15]

En este análisis del psicoanalista francés se percibe la importancia de la lectura de los mitos como discursos creados a partir de la prehistoria de los sujetos que le imponen un lenguaje, al cual se acomodan los significantes del sujeto y que son los que el análisis tiene que escuchar, como la verdad del inconsciente. En este tiempo la preponderancia está en plantear al sujeto del lenguaje y a la verdad del inconsciente.

Comienza su análisis presentando las particularidades de este sujeto, del padre, de la madre y de su unión; esto lo propone como la constelación originaria del hombre de las ratas.

<hr>

14   *Ibíd.*, p. 6

15   Entrevista realizada a Jacques Lacan por Madeleine Chapsal publicada el 31 de mayo de 1957 en *L'Express.*

Al empezar este capítulo se desarrolló ampliamente las particularidades de este caso, aquí sólo retomaremos algunas cuestiones que permitirán enfatizar la lectura que Lacan nos formula.

El padre se presenta como deudor en diferentes momentos de su vida: ante el amor (casamiento ventajoso), ante su amigo (préstamo para pagar las deudas de juego, que no saldó a su amigo), ante su lugar de padre (de ser proveedor hacia su hijo), ante el regimiento, ante su salud (todo indica que padeció de sífilis). Todo lo anterior posiciona al padre como lo que era "un suboficial", como menos, un padre desvalido, retomando lo planteado con anterioridad: un pobre padre.

En cambio, la madre se presenta como una mujer con prestigio, con poder económico, que viene a tener un lugar de reemplazo y de desplazamiento del otro, tanto de la mujer pobre en relación al padre, como del mismo padre en su lugar con respecto al hijo.

Ante esta constelación se posiciona Ernst con su obsesión fantasmática. El suplicio de las ratas se le impone como pudiendo ser padecido por dos seres queridos: su amada y su padre muerto; ante eso, él tiene que hacer algo para que no suceda, se atribuye deberes y por otro lado se le imponen pensamientos y acciones que conforman sus síntomas obsesivos. En un tiempo se centra en pagar una deuda, lo neurótico es que remite a la deuda del padre, a este menos impagable de su progenitor, que es imposible que sea saldado por él, por lo cual la deuda que él debe pagar se la arma como impagable. De allí la intervención de la pérdida de los anteojos y todo el ceremonial que conlleva a-pagar la deuda y la voz interior que causa la crisis que lo lleva hasta el consultorio de Freud.

Hasta aquí algunas puntuaciones:

- Con respecto a la clínica es esencial determinar con cada analizante cuál es la constelación familiar que lo determina, es decir el conjunto de elementos (significantes) que lo conforman como sujeto.
- El mito de cada sujeto, en tanto cadena discursiva, conlleva la verdad de él. Por lo cual es mucho más potente que la realidad de los fenómenos. En este caso la deuda hacía alguien que no pago dicho dinero, subsistía a pesar de que el sujeto sabía en los hechos, que otro era el acreedor.
- El caso se presenta como un drama con personajes y argumento fantasmático en la conformación de la estructura de cada sujeto. La situación mítica implica que los vínculos entre los participantes-personajes son secretos, ocultos y modifican lo que se aprecia a simple vista.

Una cuestión se enfatiza en este texto: es el lugar de la madre. Retomando el pago de los anteojos (se vuelve un ceremonial a cumplir), la que paga el reembolso de estos es la encargada del correo, quién para Lacan está en un lugar masculino, ya que viene en reemplazo del Capitán cruel y del Teniente B quienes no pagaron nada. Esto nos remite invariablemente a la madre y al padre, la primera es la que tiene el poder —económico— y viene a reemplazar al amor y al lugar del padre, es la que paga. Por lo cual se repite una situación insoportable para este hombre, que va más allá de la deuda, que involucra el lugar de hombre, eso nos remite al complejo de Edipo, ¿con quién se puede identificar este sujeto? Con un padre menos, sub, deudor, sifilítico, o con una madre masculina. De allí surge la representación obsesiva, este suplicio fantasmático del que se aferra.

Otra interpretación esencial es que el carácter de la deuda es doble, por un lado la deuda del padre que lleva a la frustración, a ver este padre castrado. Pero por otro lado la "deuda social", que implica no tanto al amigo que no se le paga, sino a la mujer pobre que el padre no elige (ahora años después podemos hablar que es la deuda hacía el deseo), de allí Lacan relaciona dos cuestiones. Primero: todo el enredo que hace el hombre de las ratas cuando va a devolver el dinero a la encargada del correo, en donde el objetivo no es tanto llegar a ella sino a la hija del posadero, quien vendría a sustituir a la mujer pobre del padre y de él mismo (su prima Gisela). Y la segunda cuestión es que en relación con Freud plantea que el psicoanalista no sólo ocupa el lugar del padre sino viene a sustituir el lugar del amigo, de allí estas fases que vive el análisis de un amor pasional a un odio recalcitrante. "La experiencia pasional, relacionándola con la vivencia real y actual, en el vínculo con el analista, señala el pasaje, el trampolín hacia la resolución de cierto número de problemas a través de esas identificaciones."[16]

Para plantear la propuesta del desdoblamiento narcisístico retoma a Goethe y un pasaje autobiográfico que relata en el texto de *Poesía y verdad* donde una mujer aldeana —Federica Bion— supera la maldición (por largos años le cierra el camino ante las posibles relaciones amorosas) que otra mujer años atrás profiriera contra él, Lucinda al verlo con su hermana en situación harto embarazosa lo sentencia: "Malditos sean esos labios para siempre. Que caiga la desgracia sobre la primera que reciba un homenaje"[17]. En Goethe a pesar de haber sido salvado de la maldición, hay un temor constante

---

16   LACAN, Jacques. *El mito individual de neurótico (El hombre de las ratas). Poesía y verdad,* 1953 p. 10.

17   *Ibíd.,* p. 11.

ante la unión con otro ser. Desdoblamiento narcisístico del sujeto por la presencia implícita de la muerte. Lo que lleva a pensar el Complejo de Edipo y los lugares que se juegan en dicho complejo.

Lacan ejemplifica este desdoblamiento que vive el sujeto con lo sucedido en la relación con Federica, así habla del autor "Su obra toda entera es la revelación de la palabra del otro sujeto". Goethe ante ella se presenta, o al menos es lo que relata, con disfraces, la primera vez de estudiante de teología y una segunda de mozo de posada, lo que se presenta como un juego conlleva la verdad del escritor: ser otro del que se es, para poder acceder a la relación con una mujer, relación que será un fracaso. Lo cual es así no tanto por los obstáculos palpables como sería la diferencia social y cultural, sino por: "la corriente infinitamente más profunda que es la huida, de la ocultación ante el objeto, el fin deseado…, desdoblamiento del sujeto, alineación con sí mismo a la cual provee una especie de sustituto sobre el cual deben dirigirse todas las amenazas mortales, o muy por el contrario, cuando reintegra en alguna medida en sí mismo ese personaje sustituto, imposibilidad de alcanzar el fin."[18] Es decir hay una incompatibilidad en este desdoblamiento y sin embargo la subsistencia de los dos, ni él disfrazado podrá acceder a su objeto: Federica, pero tampoco sin disfraz. Se vivencia el fracaso en este desdoblamiento narcisístico, en donde aparece la faz mortal de todo sujeto.

Mito cuaternario: sujeto desdoblado (Goethe, y él mismo disfrazado), objeto de amor (Federica) y objeto primero sentenciador (Lucinda). En el caso del hombre de las ratas: por un lado Ernst desdoblado como amante perdedor y como salvador impotente; por otro lado mujer pobre objeto amado, mujer rica: madre poderosa, elección forzosa. Regresando al escritor, pierde en las dos posibilidades: si se queda con la maldición pierde el objeto de amor y con Federica no se puede quedar: ni con disfraz, ni sin éste.

Lacan dice que en este mito cuaternario nos encontramos con los impasses, con las insolubilidades de la situación vital de los neuróticos. Lo que nos remite al complejo de Edipo: la prohibición del padre ante el deseo incestuoso hacia la madre. Pero con el más allá, con el cuarto elemento, esto es esencial: estaba madre, hijo, padre; ahora esos tres más un cuarto. La muerte (años después será el gran Otro, el falo), como elemento dinámico del análisis. Por dos razones el Complejo de Edipo debe ser pensado de otra manera. Primero lo muestra en la función simbólica del padre y segundo en la constitución subjetiva del sujeto propuesta en el estadio del espejo.

El padre implica cumplir con una función simbólica, para la cual siempre es discordante con la realidad que vive, hay una discrepancia entre una y otra. En una se presenta al padre como carente, humillado, en la otra como un ejemplo a seguir. De allí que "el complejo de Edipo tenga su valor, de ningún modo normativizante, sino generalmente patógeno."[19] A saber, entre el nombre del padre y la función del padre hay una discordancia, ello conforma al sujeto.

La constitución de la relación narcisística del sujeto (imaginaria) se vincula "con lo que puede denominarse la primera experiencia implícita de la muerte".[20] Para explicar lo anterior alude a el estadio del espejo, el sujeto en su prematuración biológica se identifica con otro del espejo que es el mismo, extraño y a la vez más completo, lo cual lo posiciona como tironeado entre dos, lo que le permite

---

19   *Ídem.*
20   *Ibíd.*, p. 17

surgir como un sujeto en falta, entre la insuficiencia y lo interno extraño. Se vive un desdoblamiento, una dialéctica entre este otro completo, que puede ver por la mirada del Otro y por su ser en falta desvalido. Pensando en Goethe ¿es el de la sentencia o el del disfraz? Y retomando a Ernst ¿es el deudor: rata? ¿o es el deseante? Por esto la muerte se hace presente al vivir un vacío de ser, entre estos dos. Se constituye el sujeto en esta *spaltung*, en la hiancia. Si se suma al padre y a la madre ya se tienen los cuatro lugares, con el niño y la muerte como cuarto elemento articulador, en tanto imaginaria e imaginada, no dada en los hechos ya que sino no habría sujeto. De la lucha a muerte se pasa a la lucha por el prestigio, esta lucha que conllevaría morirse es imaginaria e imaginada. Imaginaria al ocupar el lugar de rata o como Goethe con disfraz. Imaginada en las fantasías de muerte del padre, de la amada, de la abuela y de él.

Por último, se plantea en el texto que lo que actúa en el análisis pertenece al orden de la palabra y del símbolo. Y puntúa genialmente "la clave y resorte de nuestra búsqueda, de nuestra experiencia analítica está en la última frase pronunciada por Goethe antes de morir: "Luz, más luz… Mehr Licht[21]", la muerte como luz, como encuentro con la verdad del sujeto, este más allá que Freud invocó con la pulsión de muerte.

Algunas conclusiones

Lacan en varios textos posteriores retoma este caso, asimismo en algunos seminarios; lo anterior no sucede sólo con el Hombre de las

---

21 *Ídem.*

Ratas sino podemos decir que con los cinco casos prínceps de Freud y con algunos otros pasajes clínicos del vienés.

Para el objetivo de este libro (que es mostrar la importancia de la escritura de los casos y su reescritura, lo que hace que pueda haber otras interpretaciones) nos quedaremos en lo planteado en 1953. Lo cual, como ya se mencionó, marca una diferencia con la lectura freudiana, en donde se revaloriza lo planteado en el texto, pero se remarcan algunas otras cuestiones como son: el lugar de la madre, el complejo de Edipo como cuaternario, el posicionamiento narcisístico de todo sujeto, el lugar de la muerte como cuarto elemento en toda estructuración subjetiva, el discurso del sujeto como medio del psicoanálisis para que la verdad en tanto palabra surja. Cuestiones que se abordaron en este apartado y que nos permiten adentrarnos en otro caso.

Capítulo 2
Caso Dick de Melanie Klein

Melanie Klein en 1930 escribe un artículo titulado *"La importancia de la formación de símbolos en el desarrollo del yo"*[22] allí expone el famoso Caso Dick, el cual le sirve de ejemplo para mostrar lo propuesto en tanto la formación y el desarrollo del yo.

El planteamiento es el siguiente "… hay una etapa temprana del desarrollo mental en que se activa el sadismo en cada una de las fuentes de placer libidinoso"[23], se basa en el hecho del que el conflicto edípico comienza en el periodo sádico.

El interés de retomar este texto radica en el análisis que Lacan hace de este caso en el seminario I titulado *Escritos técnicos de Freud*, y que le permite, a nuestro juicio, plantear otra interpretación. Además de la importancia histórica del texto, debido a que es el primer caso de niño psicótico que se publicó. Se divide este capítulo en el Dick de Klein y en el Dick de Lacan. Avancemos con la Señora Melanie.

22   KLEIN, Melanie, *Obras Completas*. Paidós. Argentina. 1930, p. 208.
23   *Ibíd.*, p. 209.

Dick de Klein

El periodo sádico en los niños va de la etapa oral al comienzo de la etapa anal. El blanco del niño es la madre como continente, portadora de todos los objetos que él conoce: pecho, pene del padre, excrementos y niños. Y también el padre, en tanto está en relación con la primera. El objetivo es apoderarse del cuerpo de la madre y destruirla, con todas las armas que él tiene a su alcance, así, en sus fantasías muerde, despedaza y tritura. Esto genera una gran angustia por lo que le puedan hacer los padres, pero también porque hay una incorporación de los objetos a destruir como suyos; es decir la pipi, la caca, el pecho son blancos pero a la vez armas. "Orinar es para el niño lo mismo que lastimar, herir, quemar, ahogar, mientras que las materias fecales son homologadas con armas y proyectiles."[24]

Retomando una lectura lacaniana, lo anterior sería: el mundo humano se constituye a partir de poder diferenciarse el sujeto de los otros, esto sólo es posible a partir de la relación con los objetos. El planteamiento de Klein enfatiza que en un primer momento todos los objetos están insertos en la madre-continente, y para que surjan fuera, primero debe darse un proceso de expulsión-exteriorización; proceso ligado al instinto primitivo de destrucción. Esta exteriorización propicia que los objetos expulsados puedan ser identificados unos con otros, lo cual genera ansiedad; A cada una de las relaciones objetales corresponde un modo de identificación cuya señal es la angustia.

---

24   *Ibíd.*, p. 209.

La angustia moviliza los mecanismos de defensa más primitivos del yo, la expulsión ante el sadismo del niño y la destrucción del objeto atacado. Por lo cual el sadismo propio se proyecta al exterior y los objetos se tiende a eliminarlos, la angustia no la controla el yo, ya que hay un doble temor al sadismo y a los objetos, lo cual genera angustia. Pero lo más fuerte es la necesidad de satisfacer este sadismo primario.

Klein introduce el concepto de simbolismo como fundamento de la sublimación y el talento, éste emerge a partir de que la angustia del periodo sádico, pone en marcha a la identificación. Tratemos de abordarlo: el niño al querer destruir los órganos que representan los objetos, comienza a temerles y a equipararlos con otras cosas, comienza la ecuación simbólica: amor-pene-ratas, etc. Esto lo traslada a nuevos objetos y al simbolismo, "es a través de la ecuación simbólica que cosas, actividades e intereses, se conviertan en temas de fantasías libidinosas... el simbolismo no sólo constituye el fundamento de toda fantasía y sublimación, sino que sobre él se constituye también la relación del sujeto con el mundo exterior y con la realidad en general."[25] Si retomamos lo dicho con anterioridad, esta primera relación es la que se da con la madre, específicamente con el cuerpo de ésta, que contiene todos los objetos, esto lleva a Klein a plantear que es una realidad fantástica, en donde la pipi, los excrementos, objetos animados e inanimados son equivalentes entre sí y son los generadores de angustia. Con el posterior desarrollo del yo a partir de esta realidad irreal se establece una verdadera relación con la realidad. Por lo cual es esencial esta primera relación del yo con la angustia (capacidad de tolerarla), si nos vamos más atrás es fundamental la angustia primera, originada en este periodo sádico,

25 *Ibíd.*, p. 210.

como posibilitadora de formación de símbolos y de fantasías.

Klein inserta en este desarrollo teórico, es que expone este casó. Para ella en este niño había una extraña inhibición en el desarrollo del yo, lo cual le permitirá mostrar su propuesta de la importancia del simbolismo en la evolución del yo.

A continuación, se presenta lo que la analista transmite de su paciente, ante lo cual podemos tener algunas interrogantes, como sería el porqué de la utilización de tantos adjetivos calificativos hacía Dick, y lo tajante de algunas aseveraciones. A pesar de lo anterior, es significativo como Klein escribe acerca de este niño.

Dick

- Cuatro años, pero desarrollo mental de entre 15 y 18 meses.
- Carencia de afecto, indiferente a la presencia-ausencia de la madre o niñera.
- Angustia rara y nula manifestación de ésta.
- Sin intereses.
- No deseaba hacerse entender ante los otros, no jugaba.
- Articulaba sonidos ininteligibles y repetía ciertos ruidos.
- Gran insensibilidad al dolor
- Torpeza física

Antecedentes de vida

- Lactancia insatisfactoria, no deseo de mamar ni del biberón.
- Estuvo a punto de morir de inanición.
- La madre se presenta muy angustiada ante su hijo, sin posibilidad de brindarle amor.
- A los dos años tuvo una niñera amorosa, después pasó

un tiempo con su abuela quién también fue muy cariñosa con él. A pesar de estas cercanas relaciones, no había establecido relación objetal.

- A los cuatro años presencia de la masturbación, la niñera lo reprimió diciendo que eso era "malvado". Ante lo cual aparecen sentimientos de culpa y temores.

Análisis

La inhibición del desarrollo de Dick se debía al fracaso de las etapas primitivas (sadismo-angustia-presencia de mecanismos de defensa). Lo cual hacía que el yo estuviera incapacitado para tolerar angustia. Lo anterior se explica a partir de una evolución genital precoz que inhibió el sadismo; hubo una rápida identificación con el objeto atacado. "El yo había cesado el desarrollo de su vida de fantasía y su relación con la realidad. Después de un débil comienzo, la formación de símbolos se había detenido."[26] Esto implicaba que no había sublimación sino la presencia de intereses por objetos totalmente aislados como eran los trenes, las estaciones, las puertas, las cerraduras y los picaportes. La analista interpreta que la atención ante estos objetos se debe a que representan el coito de los padres, es decir las puertas, cerraduras y la estación como los orificios de la madre; los trenes y picaportes como el pene del padre y el suyo.

La analista plantea algo esencial: que las defensas de Dick contra sus propios impulsos destructivos detuvieron su desarrollo, de allí su imposibilidad de morder alimentos, de agarrar tijeras, cuchillos,

---

26 *Ibíd.*, p. 213

etc. La conclusión es que "Las defensas contra los impulsos sádicos dirigidos contra el cuerpo materno y sus contenidos —impulsos relacionados con fantasías de coito— habían tenido por consecuencia el cese de las fantasías y la detención de la formación de símbolos."[27]

Se plantea que la dificultad esencial en este análisis no radicaba en que el niño no hablará, sino en que no se establecía contacto con Dick, ya que el simbolismo no se había desarrollado, no constituía relación de afecto con los objetos de su alrededor, por lo cual no había acceso al juego. Podemos plantear, retomando a Freud, que la pulsión de destrucción no existía, pero tampoco la de vida.

Ante esta falta de interés por el exterior, Klein se permite, en la primera sesión, introducir el siguiente acto:

> Tomé entonces un tren grande, lo coloqué junto a uno más pequeño y lo designé como Tren Papá y Tren Dick. Entonces él tomó el tren que yo había llamado Dick, lo hizo rodar hasta la ventana y dijo: Estación. Expliqué: La estación es mamita; Dick está entrando en Mamita. Dejó entonces el tren, fue corriendo hasta el espacio formado por las puertas exterior e interior del cuarto y se encerró en él diciendo: oscuro, y volvió a salir corriendo. Repitió esto varias veces. Le expliqué: Dentro de mamita está oscuro. Dick está dentro de mamita oscura.[28]

Después de esta arriesgada intervención, el niño comienza a expresar interés por Klein y su niñera. Y en la tercera sesión expresa angustia, lo cual se manifestó en un llamado por la analista y la niñera. A esto se le unió el interés por las palabras tranquilizadoras y

27   *Ídem.*
28   *Ibíd.,* p. 214

una cierta dependencia hacia sus figuras femeninas. Empezó a jugar y a ser agresivo, en una sesión destruyó un carrito y lo hecho a un lado, la analista interpretó que expulsaba la caca del cuerpo de su madre, empezaba a expulsar al exterior el objeto dañado y su sadismo.

La analista con este caso confirma lo que propuso en la primera parte. A saber, ante una prematura irrupción de la fase genital que provoca una excesiva defensa del yo contra el sadismo originario, hay una inhibición del desarrollo, que se expresa en la ausencia de relación con la realidad y la vida de fantasía. Así lo dice:

> Dick había rotos sus lazos con la realidad y había detenido su vida de fantasía, refugiándose en las fantasías del cuerpo oscuro y vacío de la madre. De este modo había logrado, también, apartar su atención de los diversos objetos del mundo externo que representaban el contenido del cuerpo de su madre, el pene del padre, heces y niños. Porque eran peligrosos y agresivos, tenía que deshacerse (o negar) su propio pene —órgano del sadismo— y de sus excrementos.[29]

Su mundo era la madre como continente, con una gran imposibilidad de relacionarse con objetos externos o internos, ya que despertaba la angustia latente, de la destrucción que se le impondría. Lo que no aparecía en Dick es la posibilidad de sublimar, de simbolizar. El análisis lo que hizo fue inyectarle una buena dosis de simbolismo. Lo cual posibilitó que el niño se empezará a interesar por los objetos y por nombrarlos, se presentó una relación afectiva, lo cual implicó la presencia de angustia manifiesta (ya no latente) por objetos y cosas, comenzó una relación simbólica con estos; es decir

29   *Ibíd.*, p. 216

una relación con la realidad, más allá del cuerpo de la madre como un todo (continente).

Conclusiones de Melanie Klein

Al plantear este caso como una inhibición de desarrollo y no una regresión, considera que no se puede diagnosticar demencia precoz, además de que afirma ser esta patología muy poco frecuente en la primera infancia. Para la analista Dick tenía esquizofrenia. Y afirma que este diagnóstico es más usual de lo que en general se supone en niños, ya que los síntomas son menos evidentes que en los adultos, se confunden con el desarrollo normal de los infantes; "Síntomas tales como alejamiento de la realidad, falta de *rapport* emocional, incapacidad para concentrarse en cualquier ocupación, conducta tonta y charla sinsentido, no nos llaman tanto la atención en un niño, a quien no juzgamos con el mismo criterio con que juzgaríamos a un adulto."[30] Melanie Klein, con el planteamiento anterior realizó una aportación valiosísima para el psicoanálisis y la clínica en general, ya que abre la posibilidad de que niños con patologías severas fueran atendidos en análisis, además de que desmitifica lo terrible de la locura.

Este caso y otros le permiten proponer las siguientes conclusiones:

- Parte del desarrollo normal de los sujetos es la presencia del sadismo. En el complejo de Edipo temprano se presenta el sadismo oral, después el uretral, muscular y termina con el anal.

30   *Ibíd.*, p. 219

- Las primeras defensas que aparecen en los infantes son contra los impulsos destructivos (sádicos), después éstas serán ante los impulsos libidinosos. Las primeras protecciones del yo se dirigen hacía el propio sadismo y al objeto atacado (es decir la madre) ya que se viven como peligrosos; en el varón se caracteriza por el ataque a su propio pene.

- Se presenta una psicosis (esquizofrenia, paranoia, demencia precoz) cuando en los niños se inhibe la expresión de este sadismo ante una excesiva y prematura defensa del yo. Lo anterior genera poca o nula relación con la realidad y con la fantasía (no hay relación simbólica con objetos). Lo cual se manifiesta en la falta de afecto y angustia y la no relación objetal. Dick representa para Klein el caso prínceps para demostrar su teoría.

Ante los planteamientos de Melanie Klein valoramos y compartimos con ella:

- Que es el primer caso de psicosis de niño que se comparte en el medio analítico.

- Propone al psicoanálisis como un tratamiento posible para la psicosis infantil.

- Afirma la importancia y necesidad del sadismo en el desarrollo normal de los sujetos. El hombre no es bueno por naturaleza y más aún un cierto grado de violencia en los niños es necesario para la posibilidad de vivir. Cuestiones que ya Freud las había anunciado y propuesto y que la psicoanalista inglesa tuvo la capacidad de retomar y de experimentar en su clínica.

Asimismo, algunas reflexiones críticas nos surgen, tales como:

- La propuesta del yo como educable.
- Utilizar el siguiente vocabulario de "…el niño se encuentra cada vez más dócil a dicha influencia, la que ha podido adaptarse al ritmo de los impulsos instintivos movilizados por el análisis y que basta para manejarlos."31 Parece un discurso conductista en donde se está hablando más de un objeto que de un sujeto.
- En diversas ocasiones menciona lo que hizo para llegar al inconsciente del niño y así abrir camino para el desarrollo del yo. Aparte de que no sabemos qué es eso, surgen varios cuestionamientos, ¿al inconsciente se llega? ¿para qué evolucione el yo?, es decir el yo es la evolución de lo inconsciente, estamos entonces ante una clínica yoica, de fortaleza de esa instancia.

Podemos concluir que este caso ilustra con bastante claridad, la importancia del análisis en el trabajo con niños, lo esencial de poder ubicarse en el lugar de analista. Y en otro orden, posibilitó una lectura diferente del mismo caso, que es lo que a continuación exponemos.

---

31   *Ibíd.*, p. 218

Dick de Lacan

Jacques Lacan el 24 de febrero de 1954 en su seminario titulado *Los escritos técnicos de Freud,* retoma el caso Dick de Melanie Klein, planteándolo como el informe de una experiencia.

En esta clase recurre a la introducción del esquema óptico conocido como la experiencia del ramillete invertido y del caso de Klein para dar cuenta de la constitución del "yo primitivo" de este *Ur Ich* ó *Lust Ich,* este real primitivo. Si bien se lee una diferente interpretación del caso de este niño; también existe un reconocimiento al trabajo efectuado por Klein y a las posibilidades que propuso para pensar el trabajo analítico con infantes.

Lo central de la lectura del psicoanalista francés es que Dick no había accedido a la realidad humana porque no había ningún llamado de su parte, el niño no deseaba hacerse comprender. Se constituye la realidad humana a partir de la función de destrucción, es decir por la simbolización que vincula lo imaginario y lo real.

En Dick sí se encuentra algo del orden del lenguaje, posee elementos de lo simbólico. Aunque todo le es igualmente real, indiferente. Está en lo indiferenciado, en la realidad en estado puro, inconstituida.

La lectura que Lacan hace de este caso va apegada a lo que refiere Klein, lo que hace la diferencia es la interpretación que realiza y sobre todo donde pone el acento: la clave del caso. Para él la imposibilidad en el niño se debe a que hay una disociación entre lo imaginario y real de la realidad, retoma el esquema del florero invertido para decir que Dick no podía ver el florero con flores, debido a que no había una óptima posición del ojo. Entonces a pesar de que en el niño hay esbozo de lo simbólico, este es totalmente rudimentario y no alcanza a articular lo real e imaginario.

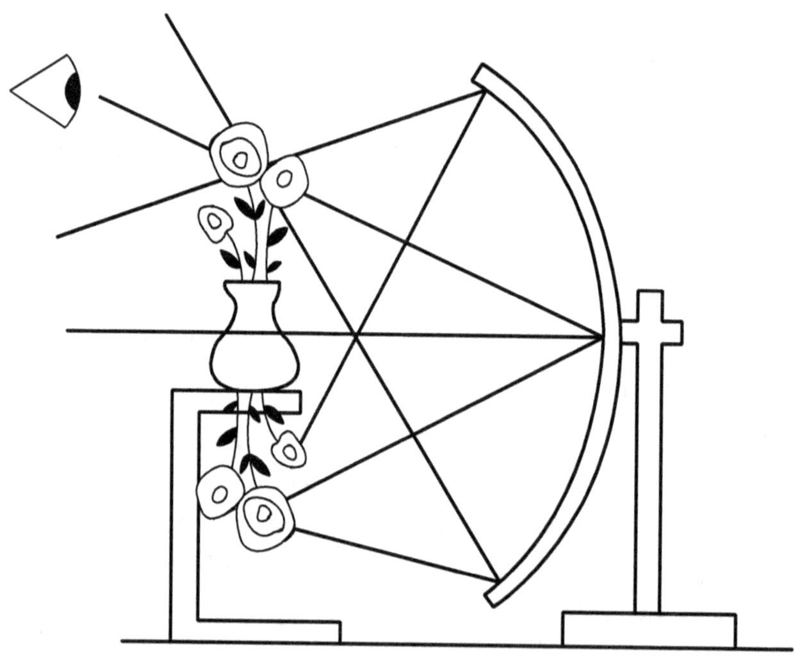

Esquema del florero invertido

"No dirige ningún llamado"[32], podemos decir a pesar de estar inserto en lo simbólico, no hay otro a quién dirigirse, hay una interrupción a nivel de la palabra, del habla. "Es un sujeto que está allí y que literalmente no responde. La palabra no le ha llegado."[33] Y esto se debe a que para él lo real y lo imaginario son equivalentes, ya que no hay simbólico que separe. No hay yo y otro, está la pura realidad.

La intervención de la analista (planteado en este capítulo en el punto titulado Análisis) aunque abrupta, lo que posibilita es que haya un llamado con intención, "ha simbolizado una relación efectiva: la de un ser, nombrado, con otro ser. Ha enchapado la simbolización del mito edípico."[34] La intención de este llamado radica en la espera de una respuesta, además de lo afectivo que conlleva. La intervención de Klein permite que este sujeto se inserte en el mito Edípico, como un sujeto protagonista, no desde la pasividad en que estaba, por este no acceso a la constitución de la realidad humana. Pudo acceder a la posición de sujeto inserto en lo simbólico al ocupar un lugar por y en el complejo de Edipo que lo estructura: está la injerencia de una ley que debe acatar y que le posibilita estructurarse.

A partir de aquí se comienzan a efectuar las ecuaciones de equivalencias entre los objetos, todo ello por la vinculación que se puede dar entre lo imaginario y lo real anudado por lo simbólico. El niño comienza a jugar, y con ello la angustia, el miedo y el enojo se hacen patentes.

Lacan plantea que no es necesario hablar de desarrollo del yo, del ego, para poder acceder a la estructuración subjetiva de los sujetos. Ya

32   LACAN, Jacques, Seminario I *Los escritos técnicos de Freud*. Paidós. Argentina. 1981, p. 135.

33   *Ibíd.*, p. 136.

34   *Ibíd.*, p. 136.

que se cae en una serie de imprecisiones y de embrollos, por ejemplo en la presentación de este caso, se esboza por una parte un desarrollo precoz del yo (trabajado con anterioridad) que inhibe la expresión sádica de los impulsos destructivos; y, por otro lado plantea que el yo ha quedado detenido en su desarrollo. Por lo cual afirma que en este caso: "el ego pura y simplemente no aparece."[35] Retomando al esquema del ramillete invertido no se puede ver al florero con flores, no se ve a un yo como una unidad —*Urbild, gestalt* del yo—, debido a que el ojo no se puede posicionar: por un lado esta lo imaginario, lo real y lo simbólico sin encontrarse en un lugar en donde la imagen del florero —del sí mismo— pueda surgir.

> Entonces su propuesta es que el desarrollo se produce: "en la medida que el sujeto se integra al sistema simbólico, se ejercita en él, se afirma a través de la palabra verdadera."[36] La palabra, es la que humaniza al hombre; es lo que permite que un sujeto se introduzca en la "realidad humana"; por ello, Dick, ante la intervención de la analista pudo acceder a su realidad, a los objetos ya en su articulación: simbólica, imaginaria y real.

En este seminario se aprecia como un mismo caso puede ser leído de diversa forma según el enfoque que se le dé, pero también se percibe las imprecisiones a las que se puede caer, cuando se centra todo en un concepto tan ambiguo como es el ego, el yo. Terminamos con la siguiente cita de Lacan:

> "A partir del caso Dick, y utilizando las categorías de lo real, lo simbólico y lo imaginario, demostré cómo es posible que un sujeto que dispone de todos los elementos del lenguaje, que

---

35   *Ibíd.*, p. 140.
36   *Ibíd.*, p. 139.

tiene la posibilidad de realizar desplazamientos imaginarios que le permitirían estructurar su mundo, no estuviese en lo real ¿Por qué no lo está? Únicamente porque las cosas no han aparecido en cierto orden."[37]

37   *Ibíd.*, p. 140.

Capítulo 3
Caso Lobo, Lobo

Siempre lo que mejor se ve en una experiencia es lo que está a cierta distancia.

Jacques Lacan,

La ética del psicoanálisis.

Niño llamado Roberto, nació un 4 de marzo de 1948. Padre desconocido, Madre internada por paranoica. Rosine Lefort así comienza la presentación de este caso durante el seminario de Lacan *Los escritos Técnicos de Freud*, específicamente en la clase 8 del 10 de marzo de 1954.

Su historial clínico: La madre estuvo con el niño hasta los 5 meses errando de casa en casa, sin tener los cuidados mínimos de higiene y alimentación hacia su hijo. Debió ser hospitalizado por hipotrofia (bajo tamaño y peso) y la desnutrición que padecía. En el hospital se le detectó una otitis bilateral (inflamación de los conductos del oído) que requirió una mastoidectomía doble, es decir se operó y extirpó las glándulas mastoides: apófisis del hueso temporal situada detrás y debajo de la oreja.

Después de cuatro meses de hospitalización regresó con su madre. Estuvo con ella dos meses, no se sabe que pasó en este tiempo. Volvió a ser internado a causa de una severa desnutrición.

Legal y definitivamente a los once meses fue abandonado por su madre. A partir de allí y hasta los tres años nueve meses, fecha que inicio su análisis, cambió 25 veces de lugar de residencia: entre hospitales y orfanatos.

Llegó al hospital *Denfert* con el diagnóstico de parapsicótico con una propuesta de internamiento definitivo. Allí vino el encuentro con su analista: Rosine Lefort y, podemos plantear, con la vida, veamos por qué.

La analista lo describe de la siguiente manera:

> Tenía desde el punto de vista motor, marcha pendular, gran incoordinación de movimientos, hiperagitación constante. Desde el punto de vista del lenguaje tenía ausencia total del habla coordinada, gritos frecuentes, risas guturales y discordantes. Sólo sabía decir, gritando, dos palabras ¡Señora! y ¡el lobo! ... Desde el punto de vista del comportamiento, era hiperactivo, todo el tiempo estaba agitado por movimientos bruscos y desordenados, sin objetivo…[38]

Mostraba "crisis de agitación" que consistían en alaridos desgarradores, enrojecimiento del rostro y movimientos bruscos de todo su cuerpo, tipo convulsiones. Estas crisis se presentaban ante cuestiones de su cotidianeidad: la bacinica y su vaciado, vestirse y desvestirse, la alimentación, las puertas abiertas, la oscuridad, los gritos de los otros niños (lo violentaban hasta el grado de intentar

38   LACAN, Jacques. Seminario I *Los escritos técnicos de Freud*. Paidós. Argentina. 1981, p. 146.

estrangularlos), los cambios de habitación. Podemos afirmar que lo que se nos presenta es un niño con una gran incapacidad para vivir.

El tratamiento que se describe tuvo una duración de un año, se interrumpió por la maternidad de la analista. Se presenta dividido en siete fases, las cuales se expondrán a continuación.

Si bien la analista durante la exposición del caso plantea cuestiones como el avance según las etapas: de no diferencia de contenido-continente, fase oral, *patterns* del pasado y del presente, etcétera; en nuestro planteamiento, si bien nos apegamos a lo expuesto por la autora, no centramos nuestro análisis en esas cuestiones, sino en una lectura posibilitada por los conocimientos propios, siempre con y desde Lacan.

Fase I

Roberto se presentaba con su comportamiento cotidiano que consistía en: gritos, entrar corriendo a las habitaciones y salir de igual forma, abrir y cerrar puertas, prender y apagar luces, a los objetos con indiferencia los tomaba o los dejaba (Interpretación: que tanto esto tendrá que ver con el fort-da con la posibilidad de estructurar una cadena a partir de las presencias ausencias, lo cual se presentaba en él con un corte, como una imposibilidad de estructuración).

Dos objetos le daban miedo: el biberón y la palangana llena de agua.

Dos sucesos fueron determinantes en este momento. Primero después de amontonar objetos ante la analista, con gran agitación sale del cuarto se detiene ante las escaleras y al mirar hacia abajo, con tono patético y muy quedo dice Mamá.

Segundo suceso: una noche, ante otros niños, intentó cortarse el pene con unas tijeras de plástico, la castración en lo real ¡qué mayor acto, que este!

Fase II

Este niño posee un vocablo, el cual aúlla, grita, susurra: ¡El lobo! La particularidad de esta palabra es que lo abarca a él mismo y a todo lo demás, a la nada que lo circunda. No hay posibilidad de que actué en esta fase como un verdadero significante, ya que no hay otro sujeto, ni Roberto es sujeto. Él es todo y nada, es la caca y la pipí que sale de su cuerpo —lo que por otro lado le genera angustia, ya que tiene que ver con lo que sale y se va, la madre—; es parte de la mamila, de la leche que toma y que vierte; es la bacinica que contiene la mierda que lo contiene, pero que no logra representarlo, más que evocándole angustia, ante la no permanencia de nada, o más bien de nadie. De allí que en la primera fase del tratamiento no hay sujeto que represente a un significante para otro significante.
Veamos el desarrollo de esta etapa.

Al ver a la analista con una niña trato de ahorcarla, al llevarlo al lugar donde habitualmente estaba aulló: ¡el lobo!, tiró todo lo que estaba cerca y se mostró muy agitado. Los días siguientes al pasar por el cuarto donde fue llevado gritaba: ¡el lobo! La analista interpreta: "Los cambios de habitación, eran para él una destrucción, ya que había cambiado, sin parar, tanto de lugares como de adultos. Esto se había convertido para él en un verdadero principio de destrucción que había marcado intensamente las manifestaciones primordiales de su vida de ingestión y excreción."[39] Podemos agregar que él mismo encarnaba la destrucción, al no haber una marca que lo inscribiera como un sujeto deseado, había quedado en la destrucción, haciendo mierda y siendo esa misma caca que se tiraba en el baño. También la relación con los otros, que no llegaba a distinguirlos como separados de él, era la destrucción. Ejemplos: cuando trato de ahorcar a la niña; un día destrozo su mamila, recogió los pedazos los puso a la bacinilla junto con otros objetos, entre ellos una muñeca y los enterró entre caca y orines.

Al entrar a sesión tenía que hacer caca de la mano de la analista, ésta permanecía allí durante la consulta, así era como él podía estar y ser ante otro, dando eso: caca; lo cual es sumamente significativo ya que es lo que el cuerpo expulsa porque no necesita, es mierda, huele mal, se tira, entre otras cosas. Pero en el caso de Roberto era lo que él podía dar, siendo eso mismo. Paradójicamente lo que expulsaba era lo que lo hacía permanecer. La analista lo interpreta planteándole que no le tiene que dar para que ella se quede, la interpretación fue certera ya que al no tener que dar su caca y poderse quedar con ella, el niño pudo ser agresivo, "evidentemente no pudiendo hasta entonces poseer, no tenía sentido de la agresividad, sino sólo de la autodestrucción."[40]

A partir de este momento ya no hizo caca en sesión y comenzó a sustituirlos por otros objetos: arena, agua, entre otros. Pero aún no había distinción entre él y los otros objetos. Hasta este momento era un objeto más indiferenciado de y ante los demás. Al cual se lo

---

39   *Ibíd.*, p. 148
40   *Ibíd.*, p. 149

podía abandonar, dejar morir de hambre, mover de un lugar a otro. De allí el pavor y la atracción a las puertas, a la entrada y salida tanto de personas como de la leche de su boca o de la mamila, como de los excrementos. Allí él era, pero, también se desvanecía. En una ocasión repetía uno de los rituales de llenar la bacinica de objetos, entre ellos su biberón que rompió con saña e incorporó al recipiente, el cual movió, al hacer esto un poco cayó lo que le generó angustia, recogió hasta lo último que quedaba, gritando ¡lobo, lobo! Lefort dice: como si fuese un pedazo de sí mismo lo que se hubiera caído. Se calmó hasta que evacuó diarrea y la esparció con sus manos por todos lados. De nuevo vemos que hay una necesidad de ser él mismo el que se vuelca, destruyéndose, por el pánico de la destrucción de los otros, o del abandono que para él era lo mismo, ya que fue lo que la madre le transmitió.

Él era el lobo, lo cual fue confirmado al verse a un espejo y gritar: ¡lobo, lobo!, golpeando la imagen. Esa era su vida: haber sido abandonado, golpeado y destruido.

Fase III

Vamos a presentar esta etapa retomando lo que Rosine Lefort plantea como conclusión de este momento:

> Al final de esta fase, exorcizó conmigo el vaciado del orinal, así como el momento de desvestirse; mi permanencia había convertido la leche en un elemento constructivo. Pero, impulsado por la necesidad de construir un mínimo, no

toó el pasado, no contó más que con el presente de su vida cotidiana, como si estuviera privado de memoria.[41]

El trabajo analítico en esta fase consistió en apuntar la diferencia entre el adentro y el afuera, lo benéfico y lo agresivo. La leche se recibe, la caca se va, pero él no se va con ella. La analista hacía las intervenciones enfocadas a que Roberto no tuviera que obligarse a dar (caca, pipi). El niño no tenía por qué forzarse a hacer del baño para poder entablar una relación, por lo menos con ella. Por lo anterior, Roberto pudo vaciar la bacinica, sin sentir que se iba por el desagüe o que iba a ser abandonado.

La permanencia de la analista, sus intervenciones e interpretaciones viabilizaron que el niño no tuviera que hacer popó para estar en sesión, es decir el niño comenzaba a ser con su cuerpo. A pesar de ello, la ropa era su protección ante su evanescencia, por eso la hora de desvestirse para él implicaba la muerte, tenía crisis que duraban hasta tres horas, en donde se resistía a ser desvestido, aullaba: ¡Lobo, lobo!, como una súplica a que no se le quitara la ropa, con lo que se aferraba a la vida, pero también como un llamado a su ser en ese lobo.

Al día siguiente de la crisis al ser desvestido, llegó a sesión y se desvistió frente a la analista, cuenta que se necesitaron tres encuentros para que tomará un poco de leche desnudo en la cama, señalaba la ventana, la puerta y golpeaba su imagen reflejada en el vidrio, gritando: ¡Lobo! Rosine Lefort plantea que fue parte de haber "exorcizado" al lobo, ya que parecía poseído por él. Podemos proponer una lectura diferente: el estar desnudo, implicaba sólo tenerse a él mismo, y eso era insoportable ya que no era nada, más que ese lobo; además de que ese estado remite a lo más original del sujeto, al ser bebé. Roberto

<hr>

41 *Ibíd.*, p. 152

en esa primera etapa de su vida fue cuando con su madre estuvo más abandonado, casi muere de inanición, después vendrán los 25 cambios de hogar. De allí el terror a las puertas y las ventanas, ya que más allá estaba la muerte, el abandono, un ser sin madre, sin padre y sin hogar, es decir sin otro que lo acogiera. En resumen, el lobo era lo más cercano, propio de que aferrarse y a la vez lo más terrible que tenía: su imagen sin un referente que la sostuviera, era la caca, la pipí, la arena, la ropa; redundando era todo y nada.

Fase IV

La analista se convierte en el lobo, se vuelve un sujeto otro al que se puede agredir; otro me puede hacer daño, lo que conlleva que por un lado eso no implica la muerte y por otro que Roberto no tenía que ser solo auto agresor. Comienza a expresar su destrucción hacia un afuera. "Empujado por el pasado, es preciso que sea agresivo conmigo y, sin embargo, al mismo tiempo soy en el presente lo que necesita."[42] Ante eso que plantea la analista acepta jugar los roles que el niño le impone, así un día es la madre que no da de comer a su hijo, otro momento es la que se va, en una sesión tomo agua sucia de la mamila, se sentó sobre orines y fue orinada por el paciente. La diferencia con lo vivido por el paciente en sus primeros años, es que Rosine Lefort, no se fue, estuvo con él, y eso permitió entre otras cuestiones que el niño pudiera llamar, pedir, ser consolado. El día que orinó encima de la analista, encerró a ésta en un cuarto, y él solo se fue al lugar donde generalmente tenían lugar las sesiones,

---

42   *Ibíd.*, p. 152

subió a la cama y se puso a llorar. Después de un rato Lefort fue a su encuentro, así lo dice: "Volví. Roberto estaba extendido, patético, el pulgar suspendido a dos centímetros de su boca. Y, por primera vez en una sesión, extendió los brazos y se hizo consolar."[43] A partir de este momento el niño fue otro, sí a partir de llamar, ya amar a un sujeto otro, a su analista y de hacerse amar, emitió llamado: fue amado.

Esta fase tuvo dos actos de Roberto determinantes. A una cubeta le rompió una parte de la agarradera, de modo que quedó como un tubo, llenó la cubeta de agua la puso entre sus piernas y el extremo del tubo lo puso en su ombligo, luego se desvistió y se colocó en posición fetal y se tiró la cubeta encima, abriendo y cerrando la boca para acceder al líquido. La analista deja abierta la interpretación, que apuntaría a una representación de la vivencia del niño en el cuerpo de la madre y su nacimiento.

El segundo acto fue la representación de un bautismo con agua y después con leche, fue lo que le permitió nombrarse: "Roberto desnudo frente a mí, recoge con sus dos manos unidas agua, la eleva a lo largo de su cuerpo. Recomienza de este modo varias veces, y me dice entonces, muy bajito: Roberto, Roberto."[44]

Este bautismo incluyó, el bautismo de su pene, al cual lleno de leche, frotó y mostró con agrado a la analista. Hermoso lo que un sujeto puede hacer: nombrarse y saberse sujeto sexuado.

43   *Ibíd.*, p. 153
44   *Ibíd.*, p. 154

Fase V

Roberto a sus cuatro años vive en una simbiosis con su analista. En las piernas de esta toma la mamila sostenida por él, después deja que ella la sostenga, es decir se deja sostener. Retomando el planteamiento del estadio del espejo, a partir de la mirada del Otro, de ese sostén; el niño, este cacho de carne, puede verse como un sujeto otro, ese otro del espejo que es él mismo. Roberto comenzó a diferenciar lo que él era y lo que no, su planteamiento es muy claro, decía Roberto, No-Roberto; él ya no era ese todo que representaba el lobo (sin un referente), pero tampoco los otros pacientes, ni la mamila, ni la caca. ERA ROBERTO.

Los cambios también se hicieron patentes en cuestiones del desarrollo neuronal:

> El Q.D. del Gessell pasó de 43 a 89, y en el Terman-Merrill tiene un C.I. de 75. El cuadro clínico cambió, las perturbaciones motoras han desaparecido, el prognatismo también. Se ha vuelto amistoso con los otros niños, a menudo protector de los más pequeños. Se puede empezar a integrarlo en actividades grupales. Sólo el lenguaje permanece rudimentario. Roberto nunca estructura frases, sólo emplea las palabras esenciales.[45]

45 *Ibíd.*, p. 156

Fase VI

Al regreso de la analista después de una larga separación (se ausentó dos meses) el niño se muestra destructor hacía sí mismo. Tuvo diarrea, vómito, se vaciaba él mismo ante lo insoportable de haber estado sin la presencia de la analista, sin alguien que lo sostuviera. Aparece un acto, que muestra lo real encarnado en un sujeto. Hace con la mamila algo que causa sorpresa a la analista, toma de ésta, pone el chupón en su oreja, luego lo rompe junto con la mamila con gran violencia. Ante esto Lefort averigua que la operación efectuada (mastoidectomía) a los cinco meses en el oído, fue practicada sin anestesia, solo le pusieron a la fuerza una mamila con azúcar en la boca. ¡Ah pinches brutos!, lo cruel de lo real se le presentifica a este niño, ahora sí que sin anestesia, dejamos la palabra a la analista:

> Este episodio traumático esclareció la imagen que Roberto había construido de una madre que hambreaba, violenta, paranoica, peligrosa, que seguramente lo atacaba. Después de la separación. Un biberón mantenido por la fuerza, haciéndole tragar sus gritos. La alimentación con sonda, veinticinco cambios sucesivos. Tuve la impresión que todos sus fantasmas oral-sádicos se habían realizado en sus condiciones de existencia. Sus fantasmas se habían convertido en realidad.[46]

En este acto —que es una compulsión a la repetición—, la pulsión de muerte se presentifica. Roberto repite lo vivido de bebé,

46   *Ibíd.*, p. 158

más bien lo que padeció. Con el regreso de la analista, se le impone el suceso de la operación sin anestesia. Podemos plantear lo siguiente: la ausencia de Lefort le reaviva la crueldad del dolor y del abandono. La diferencia esta vez fue que la analista estuvo con él y pudo ver el más allá que planteaba en su escenificación.

Fase VII

"Se aferraba a la vida y no a la muerte", esta frase es con la que se cierra la presentación de este caso; y se muestra como a Roberto se le abre la posibilidad de otra cosa.

La analista después de ausentarse un año, regresa embarazada. Roberto actúa la destrucción del niño que lleva en su vientre Lefort. Esencial, el embarazo de su analista le causa dolor y agresión, pero ya no su destrucción.

Cuando vuelve la analista ya sin estar embarazada y sin bebe, Roberto se angustia, después de 15 días puede decir que creía haber matado al bebe. La analista, ante esto, trae a su hija. Roberto retomó su tranquilidad y pudo expresar celos; lo cual muestra que la pulsión de destrucción no tan solo no tenía que ver ya con su muerte ni con la de otros, podía ser expresada a través de los celos, pero sobre todo podía ser dicha, pasaba a través de la palabra hablada, no tan solo de los actos.

Algunas interpretaciones

La primera pregunta que surge al leer el caso, es por qué el lobo. Se mencionó que no se puede proponer en un primer momento del tratamiento que fuera un significante, ya que se presentaba totalmente deseslabonado de una cadena, no marcaba diferencia entre otros, era a la vez lo innombrable y lo nombrable: caca, pipí, analista, él mismo. Vocablo que remitía a la posibilidad simbólica de nombrar, sin nombrarse, realmente una paradoja.

Lacan retoma la disertación acerca de este niño proponiendo que ante esta palabra: el lobo, debe buscarse su origen en el simbolismo general. Y esto lo relaciona al superyó, en tanto se sitúa en el plano simbólico de la palabra: "es un imperativo…es coherente con el registro y la noción de ley…tiene relación con la ley, pero es a la vez una ley insensata, que llega a ser el desconocimiento de la ley."[47] En tanto palabra misma, como mandamiento se identifica con la *figura feroz,* vinculada con los primeros traumas de los niños. De allí que para el psicoanalista este lobo que enuncia el niño, evoca al superyó en tanto ley absoluta que conlleva destrucción. Para él se trata de un niño hablante, encarnando la función del lenguaje con esta palabra.

A lo largo de la exposición del caso se ha mencionado de diversas maneras, la no diferenciación que vivía Roberto, alienado totalmente al deseo del Otro feroz. Lacan lo menciona como este superyó destructor y terrible, deseo de la madre, deseo de muerte, transmisión de la muerte como imposición de vida. Haciendo un recuento:

47   *Ibíd.,* p. 161

Del lado de la madre: olvido de alimentarlo, lo deja enfermo hasta el extremo que en dos ocasiones rozó con la muerte. Finalmente lo abandona.

Del lado del padre: no lugar, abandono radical.

Del lado de los doctores: una intervención sádica, vivir el dolor sin anestesia.

Del lado de las instituciones: tratarlo como un objeto a mover, sin darle la posibilidad de ser acogido. En tres años, 25 cambios.

A pesar de todo lo anterior y del pronóstico adverso que se le había destinado, este niño se pudo insertar a la vida, sobreponiéndose a la muerte que lo llamó desde el principio. Y esto pudo ser por la intervención de la analista, que tuvo su mayor acierto en su presencia, en sostenerse en su lugar, el cual le posibilitó a Roberto empezar a diferenciarse, a partir de la mirada del Otro (analista), él puede comenzar a mirarse (varios actos nos remiten a esta situación: el auto bautismo, cuando puede tomar leche sostenido por la analista), a nombrarse, ya no lobo, lobo, sino Roberto.

En este seminario se introduce el esquema del florero invertido, se propone la estructuración del yo a partir de lo imaginario, lo real y lo simbólico. La posibilidad de ver el florero con flores, depende de la ubicación del ojo en el ángulo correcto. Roberto no podía ver, no veía a los otros, ya que no había ojo-simbólico que lo soportara. Si bien era un niño hablante, era de un solo vocablo que no lo remitía a otros, sino que le posibilitaba estar en el mundo, pero por un lado las flores y por otro el florero. Por un lado, el análisis posibilita a este niño ver y ser visto sin implicar la muerte, el vaciamiento; por otro lado, no estar supeditado por sólo este lobo feroz, superyó atroz.

Reflexiones

De nuevo, como en el caso Dick, se presenta la disertación de Lacan con otros analistas, incluida Rosine Lefort, con respecto al diagnóstico de este niño. Se afirma que allí no está lo importante. Lo esencial está en la apuesta de trabajo que cada analista debe hacer con sus pacientes, es decir de poder ocupar su lugar y no quitarse de allí, a pesar de lo complicado que esto sea.

Para Lacan este es un caso de demostración: "Después de todo no tenemos ninguna razón para pensar que los cuadros nosológicos están delimitados y esperándonos desde la eternidad."[48] Caso que muestra varias cuestiones, primero lo que el análisis procuró, que fue el paso de un ser encarnado en una palabra el lobo, arrasado por el deseo mortífero; a un sujeto que puede nombrarse y emitir llamado. Después la vulnerabilidad de los pronósticos psiquiátricos. Recordemos que se proponía una internación definitiva, por un estado para psicótico no definido; si bien no sabemos qué sucedió después con Roberto, el avance que hubo en un año de análisis permite pensar en otro futuro. Por último, la riqueza de una lectura otra, de un camino lacaniano en el abordar los casos.

48   *Ibíd.*, p. 166

Capítulo 4
El grafo del deseo

El deseo no es un viento pasajero que despeina el alma para mojar el cuerpo,

es lo que habita el corazón del sujeto.

Helí Morales,

Sujeto en el laberinto.

El deseo nos señala a nosotros analistas otra cosa ¿cómo debemos operar, cual es nuestra

misión, cual es, a fin de cuentas nuestro deber con esa otra cosa que él nos designa?

TEsta es la cuestión al hablar de la interpretación del deseo.

Jacques Lacan,

El deseo y su interpretación.

Los tres capítulos siguientes tratarán de un caso de la analista inglesa Ella Sharpe. Lacan en el seminario *El deseo y su interpretación* lo analiza *in extenso*, considero esencial plantear algunas cuestiones referentes a la propuesta topológica del Grafo del deseo, antes de abordar los aspectos clínicos de este caso. Para lo cual me remitiré a los seminarios *Las formaciones del inconsciente*, *El deseo y su interpretación* y al texto que se encuentra en *Escritos*, titulado "Subversión del sujeto y dialéctica del deseo".

Grafo del deseo

La primera mención a esta estructura topológica se encuentra en el seminario 5 *Las formaciones del inconsciente* en el primer encuentro, el 6 de noviembre de 1957. Allí se propone que el grafo muestra al sujeto del inconsciente a partir del significante, y que lo que aparece en este sujeto es el deseo.

Esta escritura topológica fue trabajada ampliamente en el seminario *El deseo y su interpretación*, se presenta "completo" en 1962 en "Subversión del sujeto y dialéctica del deseo" (texto escrito dos años antes de su publicación). Lacan en los seminarios posteriores lo retoma para articular o ejemplificar diversas cuestiones. Lo anterior posibilita plantear que el grafo con sus cambios fue una estructura que se mantuvo presente en el desarrollo teórico y clínico del psicoanalista.

Lacan propone su grafo al igual que Freud utilizó diversas grafías en diversos desarrollos teóricos. Recordemos algunos:

- Proyecto de psicología para neurólogos (propone el esquema de las neuronas invertidas).
- La interpretación de los sueños. Donde retoma que es en otro escenario donde la verdad del sujeto suena. Grafo del funcionamiento del aparato psíquico.
- El yo y el ello. Esquema del yo.

El grafo traza cómo el deseo se formula en los sujetos, en relación a una cierta función del lenguaje; al hablar del deseo se retoma la relación del sujeto con el significante, la captura de aquel por el lenguaje. El grafo articula la función del significante en el inconsciente.

Presentado como un entrecruzamiento de líneas en un presente ideal.

Los grafos son figuras que se utilizan en las matemáticas, particularmente en la topología. Es una grafía (un dibujo) de diversas relaciones en un espacio determinado. Se compone por puntos llamados vértices o nodos y por enlaces (líneas) llamadas aristas o vectores. Una propuesta: el grafo del deseo inscribe los elementos (conceptos, fórmulas, matemas, lugares) que nos permite visualizar las relaciones complejas y las múltiples determinaciones que Lacan pone en juego al hablar del deseo (por lo menos hasta 1962).

El grafo completo presentado en el texto "Subversión del sujeto y dialéctica del deseo" está compuesto por tres vectores:

- Línea de intención del sujeto
- Cadena del primer piso que constituye el enunciado
- Cadena del segundo piso, de la enunciación.

El discurso se despliega en dos lugares a la vez en lo que dice, enuncia y en la enunciación inconsciente que conlleva. La primer cadena significante parte de una boya (Δ), que indica el inicio del recorrido, allí está ubicado el significante y en la punta de flecha que implica el final está la voz. De igual forma en la otra cadena en la boya está ubicado el goce y al final la castración.

Nodos o puntos de relación tenemos cuatro primordiales que son:

- el Otro: A
- el matema de la pulsión: $(S \lozenge D)$
- el significante de la falta en el Otro: $S(\cancel{A})$
- el significado del Otro s(A)

El grafo está constituido por diversas anotaciones, letras, matemas, conceptos. Cada una tiene un lugar en el grafo, son puntos

de partida o de llegada de una o más articulaciones. A continuación,
los elementos que conforman el grafo del deseo:

- $: sujeto
- i (a): imagen del otro
- A: Otro (mensaje)
- d: deseo
- ($◊D): pulsión
- S (Ⱥ): el significante de la falta del Otro
- $◊a: fantasma
- s (A): significado del Otro (mensaje)
- m: moi
- I(A): ideal del Otro
- Significante
- Voz
- Goce
- Castración

El dibujo del grafo completo.

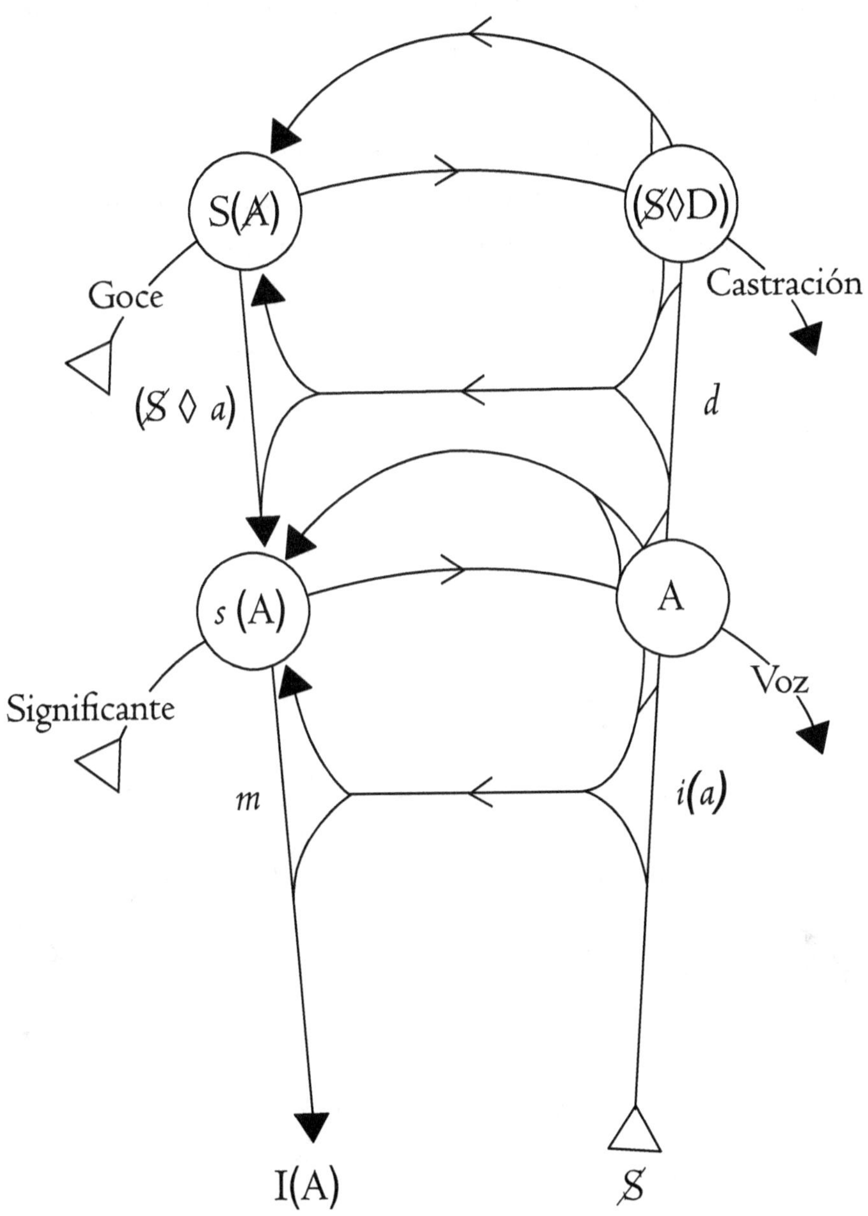

Al grafo, en tanto estructura compleja, se lo puede analizar de diversos modos, a saber: por los elementos que intervienen, por las relaciones múltiples que se plasman, por los recorridos de sus vectores, por las etapas de su construcción. En este capítulo se abordará de la última manera, que es el orden de aparición en que Lacan los presenta.

Es fundamental al abordar esta figura topológica no olvidar que es la representación de algo que está en constante movimiento y que no se puede separar más que para esquematizarlo, en tanto eso podemos afirmar que es un artefacto (un artificio), el cual permite plantear cuestiones del sujeto y su imbricación con el deseo.

Grafo I

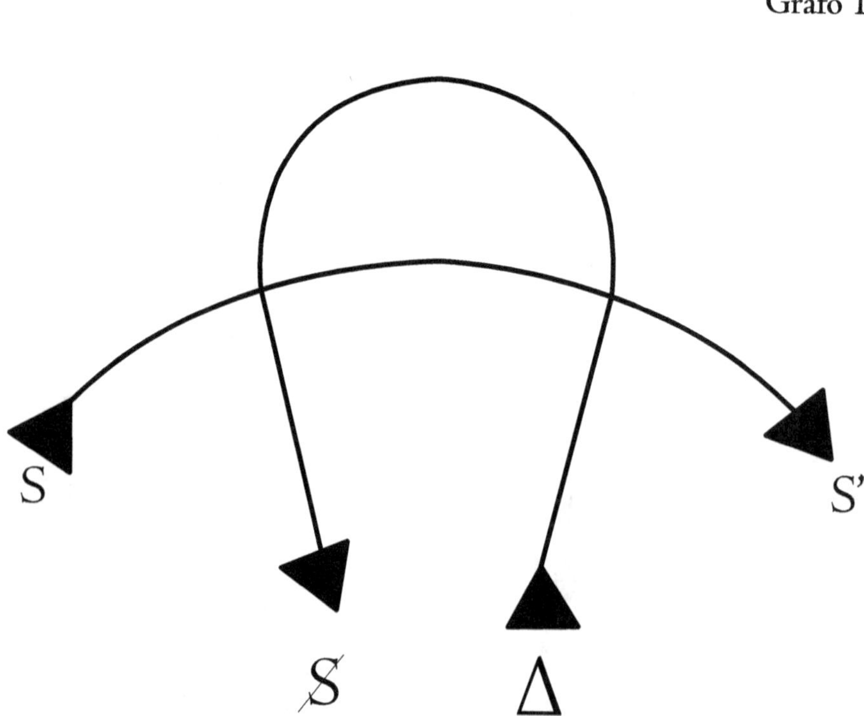

El dibujo anterior se conoce como la célula elemental del grafo o grafo I o esquema I. Es la primera propuesta de este grafo, la cual se elabora en 1957 durante la impartición del seminario de *Las formaciones del inconsciente.*

La célula elemental se forma a partir de dos líneas (vectores), una de ellas hace un bucle, es la línea de la intención del sujeto, de su estúpida existencia (intencionalidad), es la del discurso racional, común y corriente, parte de una boya en donde se debe ubicar al sujeto (mítico) como indeterminado, no formulado. Termina en una punta de flecha donde se ubica el sujeto tachado ($). Así lo presenta en 1960, pero en 1957 proponía que se parte del ello, de la necesidad pulsional y al final del recorrido de la cadena intencional se produce la primera identificación, marcada con una I. Un año después dirá que esta identificación es como la firma (*seing*), que el niño al nacer recibe de su relación con el Otro.

Aparece la primera cadena significante que va de S a S'. Lacan la nombra de diversas maneras: línea del enunciado, el paso de la necesidad por la articulación de la demanda, línea de la realización del sujeto. Este vector representa la diacronía significante, la sucesión de estos. Esta primera cadena significante corta la línea de intención del sujeto. Y se corta en dos puntos, primero en el lugar del Otro (A), que representa el código[49], y el segundo corte es en el mensaje,

---

49   En el artículo de "Subversión del sujeto y dialéctica del deseo" en la página 785 plantea que no es el código, ya que no hay una correspondencia unívoca de un signo con algo. Sin embargo, en el seminario *El deseo y su interpretación* en la página 19 afirma que es el lugar del código, donde yace el tesoro de la lengua en su sincronía y aclara "sin que haya medio de comunicar entre esos seres que están sometidos a las condiciones del lenguaje… lo que es comunicado no es signo de algo; es simplemente el signo de lo que

donde se ubica el significado del Otro s(A).

Lo esencial de este primer grafo es que plasma la relación de un sujeto con los significantes. En el primer punto de entrecruzamiento de los vectores se presenta el efecto retroactivo de los significantes hacía el mensaje, el cual se conoce como el punto de capitón, de almohadillado o de basta. Lacan así lo dice: "La función diacrónica de este punto de basta debe encontrarse en la frase en la medida que no cierra su significación sino con su último término, que cada término está anticipado en la construcción de los otros, e inversamente sella su sentido por su efecto retroactivo."[50] Es lo que conocemos como el bucle que parte de A y llega a s(A).

Entonces, recapitulando, el primer punto de encuentro del sujeto con la cadena se da en el A, como tesoro de los significantes. Frente a este se ubica el mensaje, el significado del Otro s(A), lo que de éste tiene significado para el sujeto: las insignias. Lacan menciona que el mensaje es un momento, escansión más que duración. Se produce el mensaje en un segundo momento por el efecto retroactivo, que se puntúa en el lugar del Otro y va al mensaje, donde se encuentra el momento de la significación. Ésta se constituye como producto terminado.

Planteándolo desde la cadena significante sería: se presenta el circuito de los significantes: S1, S2... en una diacronía, es decir metonímicamente, que sería cualquier discurso sin una puntuación. Hasta el encuentro con Otro que posibilita que ese mensaje diga algo, se dé el encuentro sincrónico de los significantes, haya creación

---

está en el lugar donde otro significante no está." Propongo que sí se puede plantear que el Otro está en el lugar del código teniendo claro que no se está considerando el código como signo de algo, sino como lo expresa en el año de 1958.

50 LACAN, Jacques. "Subversión del sujeto y dialéctica del deseo". Siglo Veintiuno editores. México. 1991, p. 785.

metafórica. Es cuando ese circuito de significantes se retrotrae produciendo *a près coup* la significancia, el efecto de significación. Lo anterior es lo que va a permitir proponer a Lacan esa frase tan oída de: "Al sujeto se le regresa su propio mensaje de forma invertida". Otra manera de plantearlo es: en el Otro se da la sincronía de significantes, a partir de la sucesión de estos en la cadena significante (deslizamiento metonímico). El sujeto está al encuentro de dos significantes. Sí el Otro no estuviera en falta se podría tener la frase exacta y el cierre del sentido. Pero lo anterior no es así el sujeto se encuentra en falta y sin conocer el sentido exacto de sus palabras y su existencia.

Grafo 2

Lo escrito con anterioridad se esquematiza en el grafo 2, ya que en este sí se plasman los puntos de entrecruzamiento. Aparecen elementos nuevos y hay un cambio en el vector de la intención.

En el vector de la intencionalidad del sujeto en la boya o el punto de partida ahora va a estar el sujeto barrado por el lenguaje, el sujeto del inconsciente. Y se va a arribar (punta de flecha) o así pretendería al ideal del yo I(A), que nos remite a la búsqueda incesante de ese trazo unario, como marca pérdida, lo que posibilita la identificación primera. A continuación su topología:

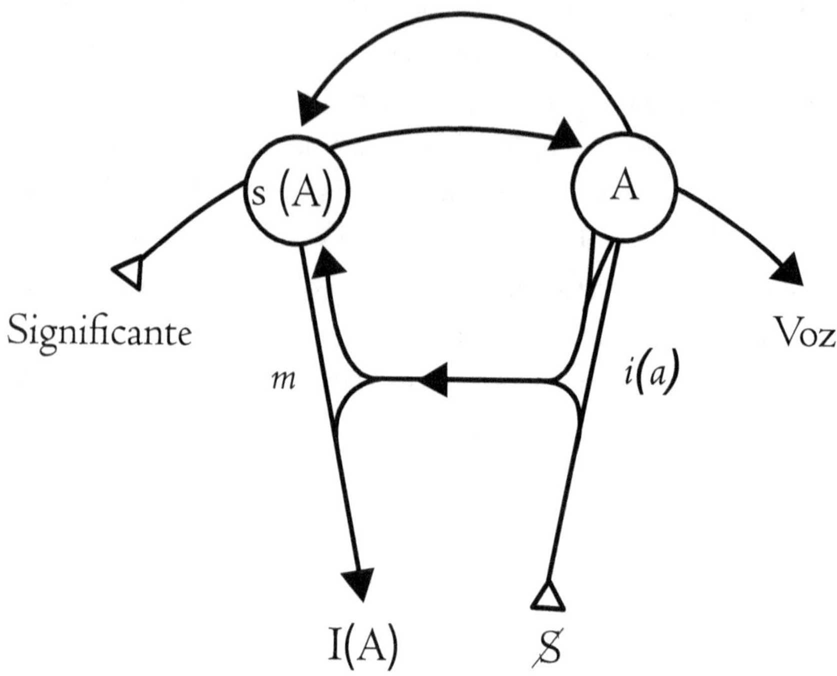

Si avanzamos por ese mismo vector (intencionalidad) lo primero que se encuentra es a la imagen del otro i(a), que tiene enfrente al *moi* (m), al yo imaginario. A partir del otro que yo veo en el espejo puedo constituirme como ese yo. El cacho de carne, el *infans*, en la imagen del otro que está allí afuera, y ante el desconocimiento de lo que es, se constituye allí como ese otro del espejo. Lacan aquí retoma su propuesta del Estadio del espejo. Sujeto tiene el primer encuentro consigo en el desconocimiento.

En esta primera parte del grafo encontramos que la relación de i(a) al *moi*, tiene una doble articulación. Primero, la que parte del sujeto $ y llega al Ideal del yo I(A). Y, por otro lado, la que parte del Otro, pasa por la imagen del otro, el *moi* y llega al significado del Otro. Lo cual implica que en lo imaginario el sujeto se constituye "…no como el Yo (*Je*) del discurso, sino como metonimia de su significación."[51] En este nivel se va quedar dando vueltas en búsqueda de objeto que lo colme o palabra que lo calme, pero no la va haber. Ya que falta dar un paso más.

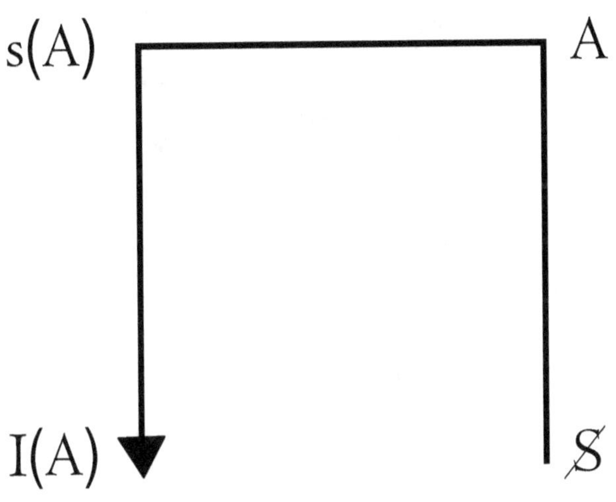

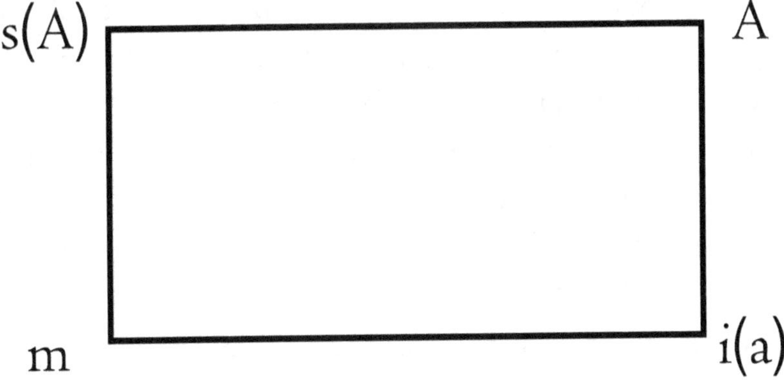

51   *Ibíd.* p. 789.

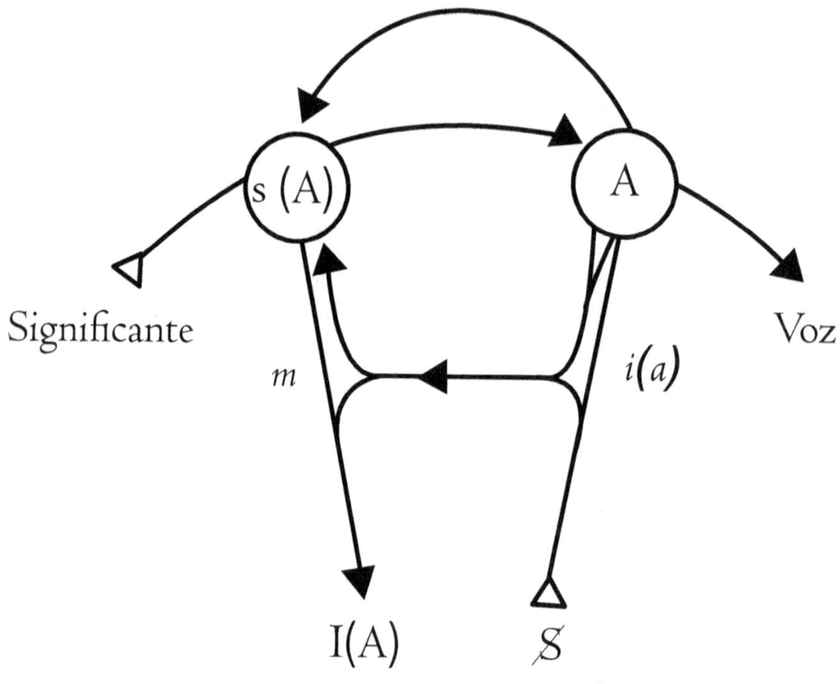

Grafo 2

Los grafos 1 y 2 se quedarían a nivel de la articulación de la demanda. De la que podemos plantear lo siguiente.

Se ha venido trabajando el lugar del Otro en tanto lugar del lenguaje, ahora vamos al Otro a nivel de la demanda de amor, al Otro real encarnado en la madre. En un primer momento tiene que ver con la desviación que sufre la necesidad —de alimento, de respuesta, la emisión del grito— por la articulación que hace la demanda. Este Otro es quien puede dar respuesta a esta demanda pero siempre de manera parcial, hay algo de ésta que queda insatisfecha, que va más allá.

Yendo un poco más despacio, Las necesidades dependen de otro para su satisfacción, ya que el sujeto nace desamparado y no es autosuficiente. Se expresan por medio del grito, lo cual hace que las necesidades se articulen por el significante y haya otro que las interpreta; por ejemplo: "el bebé llora porque tiene hambre o porque está mojado o…" Estas interpretaciones del otro, hacen que lo que en un principio era necesidad se convierta en demanda, señales a las que se debe responder. A partir de esta instauración (de la demanda), el sujeto va a solicitar ya no el objeto de la necesidad sino algo que vivió en un principio, en ese sentido se convierte en demanda de algo más, de un plus, demanda de amor. En este camino se presenta el deseo, como el resto que queda en la articulación de la necesidad por la demanda, ese resto que no se satisface, que se presenta articulado, no puede ser satisfecho (ya que no hay objeto para ello), su realización está en su reproducción como deseo, en su retoño. El lenguaje es el que posibilita que la necesidad se articule en la demanda y que de ésta se genere un plus, que será el deseo.

Podemos ir resumiendo, en este primer nivel (de la primera cadena significante) la demanda desvía, contrapone la necesidad, así existe la posibilidad de un residuo. En la relación de la necesidad con el significante (en el lugar de A), es decir el paso por la palabra —tesoro de los significantes—, genera una desviación, un más allá que es el deseo, como el resto no satisfecho de la demanda. Este encuentro con el A, con el código implica a posteriori el encuentro con el mensaje y la significación por oposición y sucesión de significantes. Lacan lo dirá en el seminario *Las formaciones del inconsciente*, como del poco sentido (sucesión diacrónica de significantes) al paso del sentido, el bucle muestra la creación metafórica en tanto sentido nuevo, da un golpe seco al circuito banal admitido de la metonimia. La retroacción lo que posibilita es el efecto de significación en el lugar del mensaje. Y también tenemos el primer encuentro del sujeto consigo mismo a partir de este otro imaginario, lo que constituirá el nivel imaginario del sujeto.

El paso al grafo tres será a partir de una pregunta que se le impone al sujeto ante el Otro como posibilitador de la palabra ¿Qué quieres de mí? ¿Qué me quieres? ¿Qué quiere ese lenguaje en mí?, en italiano: *¿Che vuoi?* Y allí por fin aparecerá el deseo y lo inconsciente entre otros elementos. Esta pregunta la retoma Lacan de la novela de Jacques Cazotte, *El diablo enamorado* (1772), donde el personaje principal en una cueva le pregunta al diablo ¿Qué quieres de mí?

Grafo 3

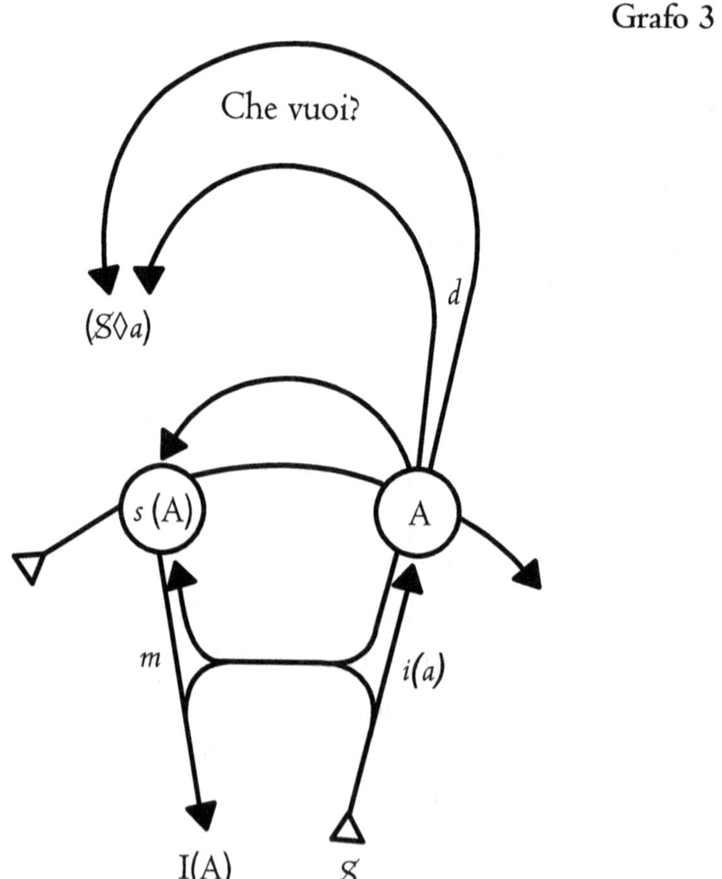

Esta pregunta (¿Qué me quiere el Otro?) que surge del mismo sujeto parecería que viene de un afuera que se le impone, de una sobre determinación del lenguaje, la importancia de esto es que el sujeto la pueda hacer suya e intente responderla. Este grafo esquematiza muy bien de dónde parte la pregunta, del lugar del Otro, y donde aparecen las respuestas, del lado del fantasma $\$◊a$ y allí también está el significante de la falta del Otro $S(\bar{A})$. De allí que una de las lecturas posibles del grafo sea: del lado derecho están las preguntas del sujeto (de abajo para arriba: el sujeto tachado con sus constantes interrogantes, el lugar del Otro y la pulsión que busca incesantemente su satisfacción) y del lado izquierdo las respuestas (de abajo para arriba: el lugar de la búsqueda del ideal perdido, del síntoma representado por el significado del Otro (lugar signado del mensaje del sujeto), el fantasma como sostén del deseo y el falo como el significante de la falta en el Otro).

Regresando a la pregunta de ¿Qué me quieres?, podemos plantear que es una pregunta que viene ante una respuesta anticipada a nivel de la primera cadena, pero que no se sabe de dónde viene justamente esta respuesta —este enunciado— y por eso se requiere de la otra cadena que posibilita la aparición del deseo y del inconsciente. Más allá del Otro al que le demando, que es lo que quiero, y allí es donde se vislumbra el deseo, obvio, inconsciente. El grafo nos enseña que ese deseo que, flotando allí en alguna parte, pero siempre en ese más allá del Otro.

Es entre los avatares de la demanda y lo que tales avatares le hacen devenir, y por otra parte esa exigencia de reconocimiento por el otro, que podemos llamar exigencia de amor, donde se sitúa un horizonte de ser para el sujeto... Es en ese intervalo, en esa hiancia que se sitúa la experiencia que es la del deseo, aprehensible primero como siendo del deseo del Otro y en cuyo interior el sujeto ha de situar su propio deseo.[52]

Como horizonte... así es como se tiene que pensar el deseo, incierto, sin un tiempo definido, estando en esa hiancia que se abre entre las dos cadenas significantes que constituyen al sujeto. Con la posibilidad de otra cosa, ¿de qué?, allí lo enigmático y lo imposible del deseo.

Hemos dicho que entre las dos cadenas significantes se ubica el deseo, pero también se pueden plantear otras cuestiones de estas cadenas, a saber, hacen patente que más allá del discurso —de la intención— del sujeto, hay algo que quiere decir y dice; hay enunciado y enunciación. Al ser permeables por los efectos de la metáfora (sincronía) y la metonimia (diacronía).

La primera cadena constituye el nivel del enunciado que, si tomamos como ejemplo el sueño, sería algo pasado y la frase en sí que se pronuncia, el discurso. Estaría el enunciado en el lugar del contenido manifiesto. La cadena superior es donde se produce la enunciación, que implica algo que está pasando y a la vez sin tiempo, serían los pensamientos latentes del sueño. Se produce en la fragmentación de lo enunciado. Es la implementación de otro sentido, ante la pregunta ¿de quién es este enunciado del que se habla? Allí se presenta la enunciación, con la posibilidad de la asunción del sujeto, en este medio decir; y, allí también se presenta la interpretación, en

<hr>

52 LACAN, Jacques. Seminario *El deseo y su interpretación*. Versión de la Escuela Freudiana de Buenos Aires. p. 11. La reciente edición en español de este seminario por la editorial Paidós, propone una traducción diferente por lo que optamos por poner la referencia que se consultó antes de que apareciera publicado este seminario por dicha editorial.

el deletreo del sueño. Es importante retener la idea de que estas dos cadenas están entrecruzadas, relacionadas y recortadas; si se presentan una arriba de otra es por una cuestión de claridad en la transmisión teórica. Remarquemos lo fundamental de estas dos cadenas con una frase de Lacan:

> La estructura de la cadena significante a partir del momento en que ha realizado el llamado al Otro, es decir, donde la enunciación se superpone, se distingue de la fórmula del enunciado, exigiendo algo que es justamente la captura del sujeto que era inicialmente inocente, pero que aquí el matiz es esencial, es inconsciente en la articulación de la palabra [53].

Antes de continuar, hagamos un recuento de lo planteado hasta ahora. Avanzamos en la escritura del grafo y encontramos la segunda cadena significante que atraviesa la línea de la intención del sujeto, segundo nivel o piso de este esquema. Allí se presenta lo que se nombra la dialéctica del deseo. Algo se va a producir en el encuentro con el tesoro de los significantes (A) y es el deseo, en tanto más allá de la demanda de amor no resuelta. Así tenemos en este segundo piso: el deseo, el matema de la pulsión, el significante de la falta en el Otro y el fantasma. Entre estas dos cadenas se va a ubicar el deseo, en la *spaltung* (escisión), allí el sujeto se constituye, es donde va a reencontrarse.

---

53 *Ídem.*

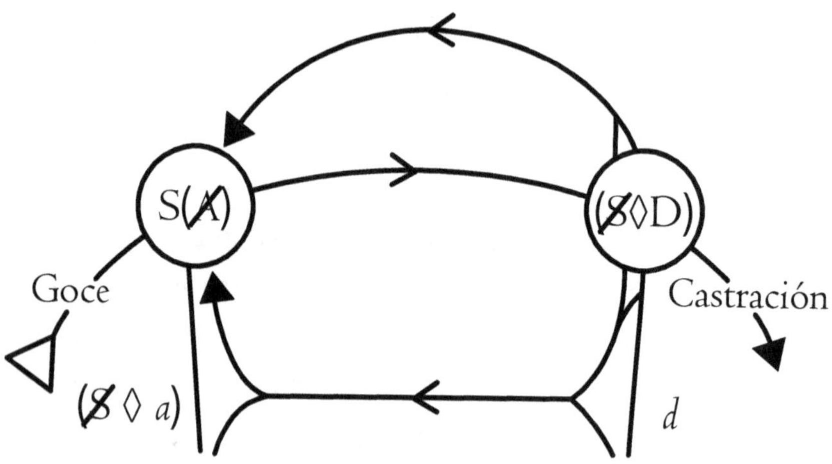
S(A̶)
(S̶◊D)
Goce
Castración
(S̶ ◊ a)
d

Segundo nivel del grafo del deseo

Fórmula de la pulsión, falo y fantasma

Para decir algo de estos conceptos se necesitaría un texto extenso de cada uno. Y como el objetivo de mencionarlos es dar cuenta de estos en el grafo, sólo se plantearán algunas cuestiones.

Subiendo por la línea de la intención está la fórmula de la pulsión ($\$◊D$) sujeto marcado por la palabra en cierta relación con la demanda. Un sujeto hablante, en falta, que demanda, que llama a nivel inconsciente. Cuando el sujeto se desvanece en la demanda, lo que queda es la pulsión, eso que pulsa en el sujeto. Y por el otro lado la demanda también se desvanece y lo que queda es el losange, como corte. La fórmula de la pulsión aparece en el lugar del código, código del sujeto desconocido pero que lo lleva a flor de piel. Lo que tiene enfrente como mensaje es el significante de la falta en el Otro S ($Ⱥ$). Lacan plantea que aquí se cerraría el círculo de la significación a nivel de la enunciación inconsciente —recordemos que a nivel del enunciado estaba el significado del Otro— ¿Cuál es la falta del Otro? que no hay Otro del Otro, "ningún significante posible garantiza la autenticidad de la continuación de los significantes."[54]

Entonces el Otro también está en falta, o lo que es lo mismo no hay A del A. El Otro está castrado a nivel del mensaje, no puede darle al sujeto lo que quiere. También se puede plantear de este otro modo: en tanto sujeto del lenguaje implicado en el Otro (batería de significantes) siempre va a haber un significante que falta (siempre va estar en falta) y ese significante es el falo Φ, significante del goce del Otro.[55]

El falo en tanto sustraído de la cadena significante es el que enlaza la relación del sujeto con el Otro, es el principio límite que hace que el sujeto, en tanto implicado en la palabra, esté sometido al complejo de castración. El falo lo que posibilita es la articulación significante de la falta de objeto propiamente dicha, de allí que sea el significante del deseo en tanto falta de objeto en el Otro. Por lo cual hay que pensarlo en el lenguaje, —no en la realidad como objeto que falta—, es como significante impar (a significar) que propicia la significación del deseo, justamente como deseo del deseo del Otro.

El Otro castrado está en el lugar del mensaje. Y este mensaje del deseo es muy adverso para el sujeto, porque lo que se le plantea es que no hay Otro del Otro. Lo anterior da mucho vértigo, ya que a lo que se enfrenta el sujeto es a la castración suya y del Otro; por lo cual su deseo está sujeto a esta falta ya que el deseo es deseo del Otro. Todo esto estructura al sujeto en el plano inconsciente. Pero a la vez es lo que le permite decir, al hacer la sustitución simbólica ya que otros significantes puedan aparecer.

Ante este Otro carente, en donde el deseo se presenta como opaco,

---

55   El falo en lo imaginario se escribe $-\varphi$, y como significante Φ. Lacan en el seminario *La ética del psicoanálisis* dedica una clase (17) a analizar la diferencia entre uno y otro. Para los objetivos de este capítulo podemos decir que el significante falo, se hace presente en la neurosis a partir del falo imaginario, de la dialéctica del ser y el tener.

aparece el sujeto en su indefensión, sin recursos. Aquí es cuando va a intervenir el fantasma, es donde el deseo va a poder situarse (de allí que se pronuncie que el fantasma es el soporte del deseo). Es lo que va permitir (en lo imaginario) remediar la indefensión del sujeto en relación al deseo del A. Fórmula del fantasma que implica $ sujeto tachado, losange —corte, punción— ◊ a, a como el objeto del deseo, así lo va a plantear en el seminario *El deseo y su interpretación* (1958-1959). Después a partir del seminario 10 La angustia, sabemos que lo nombrará como objeto causa del deseo.

Recordemos el grafo completo:

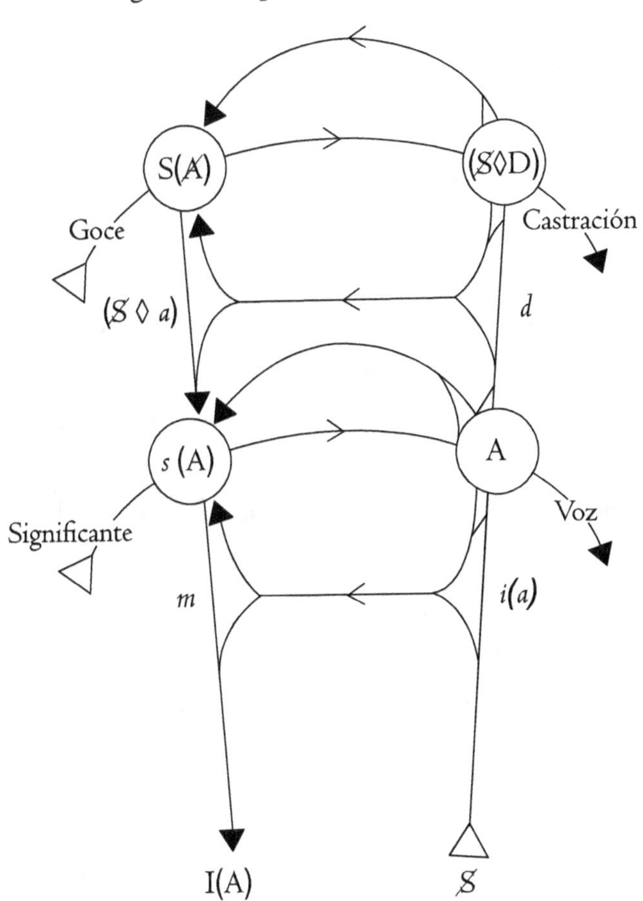

En el grafo, el fantasma es colocado frente al deseo, también entre las dos cadenas, entre el enunciado —la palabrería— y la enunciación —esté más allá—, que es la lectura que de la intención del sujeto es posibilitada, a partir de que está (el sujeto) dividido, fragmentado por el lenguaje.

Fantasma como "el momento [de allí su articulación sincrónica] de fading o eclipse del sujeto, estrechamente ligado a la spaltung o escisión que sufre por la subordinación al significante."[56] Es un momento —de allí la asociación con la aparición de un fantasma, como espectro— de rescate, de soporte del sujeto castrado, en falta, y eso puede ser posible por la función del objeto en la fórmula del fantasma. "El hueso de la función del objeto en el deseo es aquello que llega al rescate, del hecho de que el sujeto no puede situarse en el deseo sin castrarse; dicho de otra manera, sin perder lo más esencial en su vida."[57]

La clínica analítica tiene que ver con trabajar con el fantasma en tanto está allí implicado el deseo. Y podemos ser más categóricos en el grafo están presentes los elementos que están jugados en un análisis, de allí su importancia como un artefacto para pensar la praxis.

Para concluir: el grafo articula que el sujeto sólo puede ser pensado como del inconsciente a partir del significante. En él hay un decir del presente que sería su discurso y hay un presente del decir que se relaciona con un más allá, con otra escena, no con lo que sucede en el aquí y ahora. En este más allá se presenta el deseo. Y se

---

56   LACAN, Jacques. "Subversión del sujeto y dialéctica del deseo". Siglo Veintiuno editores. México. 1991, p. 796.

57   LACAN, Jacques. Seminario *El deseo y su interpretación*. Versión de la Escuela Freudiana de Buenos Aires. p. 293.

caracteriza por ser una pregunta que no puede satisfacerse, por eso se presenta como imposible, es una categoría absoluta, es deseo del deseo del Otro en ambos sentidos de la palabra, ser lo que el otro desea y desear lo que el otro desea. Este en tanto inconsciente (se da en lo inconsciente) es un deseo sexual, el cual se presenta como articulado, no articulable, en tanto eso no hay objeto que lo satisfaga. Y no hay palabra que lo sacie, ya que hay una irreductibilidad del inconsciente. A saber, el inconsciente no es lo conocido, sino lo que puede conocerse, lo siendo; por lo cual la palabra no puede expresar la verdad total del deseo, siempre queda un resto, una demasía. La realización del deseo está en reproducirlo como deseo, es deseo de ser en falta, Deseo del deseo del Otro.

Una cita final: "El deseo nos señala, a nosotros analistas otra cosa. ¿Cómo debemos operar, cuál es nuestra misión, cuál es, al fin de cuentas nuestro deber con esta otra cosa que él nos designa? Esto es, aquí la cuestión que yo planteo, hablando de la interpretación del deseo."[58]

58 *Ibíd.* p. 307.

Capítulo 5
Ella Sharpe y un sueño

En el capítulo anterior mostramos la escritura del grafo del deseo hecha por Lacan entre los años 1957 a 1960, la cual abre diversas posibilidades de lectura. Para este escrito destacamos como la estructuración del sujeto se da a partir de que es un sujeto del lenguaje, en tanto eso, determinado por las cadenas significantes que posibilitan el enunciado y la enunciación. Pensarlo así es hablar de un sujeto del inconsciente, siempre en proceso de enunciación. En este sentido, el deseo se presenta unido al significante, articulado en el lenguaje.

A continuación, a partir del relato que hace una analista de su paciente y del decir de él a través de lo escrito por ella, retomaremos los planteamientos que Lacan hace en el seminario 6, acerca de este caso.

Primero una breve reseña de Ella Sharpe, continuaremos con la lectura que la analista nos propone de su paciente, para terminar con la lectura que Lacan propone en el *Deseo y su interpretación* y con lo que ello nos permite aportar a la lectura de casos.

Ella Sharpe

Analista inglesa (1875-1947), realizó análisis didáctico con Hans Sachs. Fue miembro de la Sociedad Psicoanalítica Británica, de la cual durante 23 años fue miembro titular. Su talento consistía en narrar el contenido de las sesiones y extraer lo esencial. Defendía la contratransferencia.

En el congreso de la IPA en 1928 presentó un trabajo (inspirada en Melanie Klein) donde apoyaba la hipótesis de que el arte era una sublimación en relación en con las primeras identificaciones parentales. Fue la cuarta analista de Melitta Schmideberg hija de Melanie Klein. Publicó diversos libros durante su vida. En 1937 se editó en Londres *"Dream Analysis"*, Lacan de este libro trabaja el capítulo titulado "Análisis de un sueño", del cual nos ocuparemos.

Al final del libro se presentará la traducción al español del texto original en inglés, realizada específicamente para esta investigación, ya que no había sido traducido hasta ese momento a nuestro idioma. También se incluirá, como anexo, el texto en inglés.

El texto de Ella Sharpe se presenta dividido en 5 partes, estas son:
1. Etapa del análisis al momento del sueño
2. Comportamiento característico durante el análisis
3. Material analítico desarrollado durante una hora y los comentarios de la analista

4. Encuesta sobre este material, inferencias e interpretación dada al paciente

5. Dos sesiones subsecuentes que revelan el progreso del análisis

Algunas reflexiones acerca de lo planteado en este texto. Me voy a permitir citar párrafos, algunos serán extensos, con el objetivo de abordar el texto tal cual Sharpe lo propone. Con posterioridad se planteará la lectura que propone Lacan en las clases del seminario *El deseo y su interpretación*.

Él, "Roberto"

Roberto: así llama la analista a su analizante, hombre de cierta edad, casado, abogado exitoso. Llega a análisis porque quiere comprender los primeros 3 años de su vida, justamente cuando su padre vivía (Roberto tiene 3 años cuando su padre muere). Para Roberto la meta del análisis estaba en resolver las diversas fobias que lo aquejaban: al éxito, a triunfar en el trabajo y en la relación con los otros (ejemplo juego de tenis). Lo anterior se asociaba a la dificultad de mostrar su poder, potencia. Asimismo, plantea que durante los últimos tres años de su vida tenía muy presente la muerte de su padre, sólo hablaba de: "mi padre murió, está muerto", lo anterior lo atormenta.

De su progenitor recuerda sus últimas palabras: "Roberto debe tomar mi lugar", estas palabras marcaron al sujeto, fueron destino; Sharpe dice que para su paciente crecer implicaba también morir —podemos quitar el también y plantear crecer era morir, tomar el lugar del padre… del padre muerto——. También plantea que "él no podía creer en la transferencia", que no sentía nada por ella,[59] y lo asocia al sentimiento hacía el padre muerto. Más adelante refutaremos esto. Dice que la meta de sus intervenciones es reducir los deseos agresivos hacia su padre muerto; centra el problema en que el deseo neurótico de Roberto está ligado a una omnipotencia agresiva, mostrada en sus fantasías. Propone la toma de conciencia de que son sólo fantasías libidinales que no tienen que llevarlo a la muerte. Retomando el planteamiento del seminario 6, la analista interpreta al deseo en relación a la demanda —como un conflicto agresivo— en el campo imaginario, dual. Lo cual desemboca en una rivalidad imaginaria, por un conflicto de poder. Lo anterior empobrece la lectura que se puede tener de este caso, como se verá más adelante.

I. Etapa del análisis al momento del sueño
Posición de la analista

Ella Sharpe inicia su texto con este apartado, llama la atención la manera de abordar el análisis, ya que está más del lado de la psicología que del psicoanálisis. Fundamentemos por qué.

> Este capítulo estará dedicado a la consideración de todo lo que dijo un paciente… presentaré un breve resumen de los eventos psicológicos… podemos medir si nuestras interpretaciones

<hr>

59   SHARPE, Ella. *Dream Analysis*, Capítulo 5 "Analysis of a single dream", 1937. El artículo se tradujo de la versión en inglés que se anexa en el seminario 6. Al final del libro se presenta la traducción al español y, como anexo, se presenta el texto en inglés.

están ayudando a que las actitudes emocionales reprimidas y suprimidas, las fantasías o los recuerdos afectivos tengan una comprensión consciente"[60] (las negritas son nuestras).

Nosotros sabemos que todo no se puede decir y menos se puede transcribir, pero la analista considera que sí se puede llevar a cabo, y si se pudiera allí no está la riqueza de una sesión, lo que lleva a preguntamos ¿dónde habrá estado la atención flotante que Freud le propone a los analistas, sí se quiere recabar todo lo que el paciente dice?

Hablar de eventos psicológicos y de las actitudes emocionales reprimidas, acerca más a pensar en una propuesta terapéutica psicológica que en el psicoanálisis. Pero más grave aún proponer la comprensión consciente como un logro del análisis. A partir de este primer párrafo estamos advertidos del camino que puede tener el texto, más aún su riqueza no está allí sino en el material que aporta acerca de su analizante, y eso es lo que Lacan retoma en el seminario que imparte en 1958.

Roberto tiene tres años cuando su padre muere, la analista menciona que durante los últimos tres años, al referirse a su progenitor dice: mi padre murió, está muerto; esto la lleva a Ella a hacer una propuesta de lo que sucede con la transferencia bastante atrevida dice:

Al igual que los lazos psicológicos con su padre han sido enterrados por la represión en el inconsciente, la transferencia de dichos lazos hacía mí se ha mantenido inconsciente. Debido

60   SHARPE, Ella. Capítulo V "Análisis de un solo sueño", p. 167, traducción para esta investigación.

a que su padre está muerto, hasta ahora en lo que respecta a la transferencia del padre yo también he estado muerta. Él no tiene pensamientos sobre mí. Él no siente nada por mí.[61]

Ante lo expuesto en este párrafo diversas cuestiones se nos presentan. Primero a qué se refiere con lazos psicológicos: será amor, odio. La lectura no será al revés: este hombre está arraigado en un lazo con su padre muerto, con lo muerto, lo que trataremos de mostrar en el siguiente capítulo. Cuando dice la analista "la transferencia de dichos lazos hacía mí", sorprende la crudeza del planteamiento como sí la transferencia sólo consistiera en eso, propuesta bastante burda de lo que sería un análisis. Pero si dejamos en eso a la transferencia, cómo puede decir que no siente nada por ella, cuando en las asociaciones del sueño, ella está presente con muchos significantes jugados (ver siguiente capítulo), asimismo el sujeto ha permanecido en análisis por más de tres años, algo debe estar allí en juego y, si no tiene que ver con la transferencia difícilmente se entendería lo que sucede con este paciente.

En esta parte propone que en el paciente existe una creencia omnipotente de haber matado a su padre, relacionada con el deseo inconsciente de querer deshacerse de él. Afirmación que en este desarrollo vamos a ver si se sostiene y que implicaciones conlleva.

Se plantea como tarea del análisis reducir el temor de los deseos inconscientes agresivos de los primeros años, con respectos a estos la analista propone: "sólo serán modificados al traer este deseo al plano consciente, y sólo así los deseos de la libido dejarán de significar

---

61   *Ibíd.*

la muerte."[62] Continua planteando que parte de su tarea es *traducir* los discursos del paciente en un lenguaje corporal (*sic*), ya que dice que los problemas de Roberto son del cuerpo y el ego, represión de los sentimientos corporales; Él teme sentir, controla su cuerpo y su habla, su vitalidad se ha perdido, su perfección es muerta. Sharpe propone que cuando las inhibiciones y dificultades con respecto a su cuerpo (que remiten a los deseos agresivos) sean resueltas, él podrá jugar libremente, asociándolo con el juego del tenis que gustaba a Roberto.

Lo anterior es la propuesta terapéutica de la analista. Lo que nosotros ahora podemos plantear es que fue sorprendida por el discurso del paciente que fue mucho más allá de posibilitar la traducción que ella pensaba se tenía que hacer. Además de que el analizante fue el que sostuvo su análisis con un discurso que afortunadamente Ella Sharpe pudo escuchar y transmitírnoslo. Roberto fue —como en todo proceso que se llame psicoanalítico— artífice de su análisis. Con las asociaciones que antes y después del sueño realizó; A pesar de la propuesta psicologizante que la analista tuvo en diversos momentos del análisis. Roberto pudo hablar.

2. Comportamiento característico durante el análisis
Preámbulos del sueño

La analista señala que nunca oía a su paciente llegar al consultorio, había que subir unas escaleras para acceder a este, Roberto tenía la característica de subirlas en absoluto silencio. Menciona que días

---

antes había oído "unas toses (*coughs*) muy pequeñas y discretas" antes de ver a su paciente en el consultorio, cuestión que había llamado su atención, pero decidió no decir nada acerca de la tos. Sharpe indica:

> Así que después de los buenos días dijo para mi decepción, en su acostumbrada voz pareja y deliberada: "He estado pensando en esa pequeña tos que tuve antes de entrar a la habitación. Los últimos días en que he tosido he estado consiente de hacerlo, no sé si usted lo ha notado. Hoy cuando la criada me dijo que subiera me decidí a no toser. Sin embargo para mi molestia, me di cuenta de que había tosido en cuanto acabé de hacerlo. Es muy molesto hacer una cosa así, es muy molesto que a veces algo te pasa y no puedes controlarlo o no lo controlas. Uno pensaría que eso tiene un propósito, pero es difícil pensar en un posible propósito que pudiera tener una pequeña tos de esa descripción".[63]

Antes de proseguir con lo que asocia Roberto de su tos, algunas cuestiones. Vale la pena puntualizar qué es lo que no escucha la analista, que la lleva también, a no preguntar acerca de la tos, es más porque esa gran decepción ante el cuestionamiento que se hace el sujeto acerca de su tos, que lo aqueja y que no puede controlar. Hay algo que dice la tos, como síntoma que se le impone a este sujeto, que la analista no considera, aún más, es lo que permite, después de algunas asociaciones, contar el sueño. Esto que la analista no retoma, es lo que Lacan puntúa y lo lleva a plantear la posibilidad de pensar el fantasma. Lo anterior viabiliza una riqueza interpretativa expuesta en las clases del seminario *El Deseo y su interpretación*, como se verá en el siguiente capítulo.

---

63   *Ibíd.*

Ante la pregunta de a qué propósito sirve la tos surgen 6 asociaciones, la última es el recuerdo del sueño:

1. Amantes en un cuarto.

2. Hermano con su novia, él interrumpe.

3. Analista con otra gente.

4. Él como un perro: ladra.

5. Perro masturbándose con su pierna.

6. Sueño que ha tenido la noche anterior.

Estas asociaciones las retomaremos en extenso en el siguiente capítulo.

A continuación el relato del sueño:

> Estaba viajando con mi esposa alrededor del mundo y llegamos a Checoslovaquia en donde sucedía todo tipo de cosas. Conocí a una mujer en un camino, un camino que ahora me recuerda al camino que le describí en los dos últimos sueños recientes en los cuales mantenía juegos sexuales con una mujer frente a otra mujer. Así sucedió en este sueño. Esta vez mi esposa estaba ahí mientras ocurría el evento sexual. La mujer que conocí tenía una apariencia muy apasionada y me recordó a una mujer que vi en un restaurante ayer. Ella era oscura y tenía los labios carnosos, muy rojos y con una apariencia apasionada, y era obvio que si yo la hubiera animado ella habría respondido. Creo que ella debe haber estimulado el sueño. En el sueño la mujer quería tener relaciones sexuales conmigo y tomó la iniciativa que como usted sabe es algo que me ayuda mucho. Si la mujer hace eso es de gran ayuda para mí. En el sueño la mujer en realidad se acostó sobre mí; eso lo acabo de recordar. Era evidente que ella quería poner mi

pene en su cuerpo. Puedo afirmar eso por las maniobras que hacía. Yo no estaba de acuerdo con eso, pero ella estaba tan decepcionada que pensé que la masturbaría. Se oye muy mal usar ese verbo de manera transitiva. Uno puede decir: "Me masturbé" y es correcto, pero no es correcto usar la palabra de manera transitiva.[64]

Después de contar este sueño vuelve asociar con diversas cuestiones:

1. Masturbación a otro niño
2. Vulva que atrapa su dedo como una capota (*hood*)
3. Cueva de la niñez
4. Labios vulgares significa labios, recuerda chiste
5. Vuelve a pensar en la capota
6. Bolsa de golf
7. Amiga imitadora
8. Regresa a la capota, primer auto que tuvo, el motor se amarraba con correas
9. De niño orino en una bolsa
10. Sigue pensando en la capota
11. Colección de correas de piel que cortaba
12. Corte a las sandalias de su hermana
13. Correas detienen a los niños en las carriolas
14. Padre en silla de ruedas
15. Envío de caras de admisión al club
16. Botones de bragueta
17. Sueño con la analista y otro hombre que le decía se abrochara (Roberto) los botones de su abrigo

64   *Ibíd.*

18. De niño amarrado con correas a la cama para que no se cayera.

Todo lo anterior es el relato de una sesión, la riqueza del material que el paciente dice en análisis es impresionante, asocia, asocia y vuelve a asociar, por la riqueza del material podemos suponer que a Lacan le interesó trabajar con este caso.

Ella Sharpe continua con lo que titula "Encuesta sobre este material, inferencias e interpretación dada al paciente", del cual haremos algunos comentarios.

Se trata de encontrar la clave para el **significado del sueño**, esta es la propuesta del analista, después dirá que todo el sueño se tratará de una fantasía sobre la masturbación conectado al tema de la potencia, en donde "él se hace pasar por otra persona que tiene gran poder y potencia."[65] Respetando la lectura de Sharpe podríamos plantear que difícilmente se puede hablar de un significado del sueño, como algo que tendría que ver con el enunciado acabado, eso es parte del trabajo de elaboración onírica, pero no el todo, ya que se debe considerar la enunciación del sueño, es decir todos los siendo del mismo.

La analista dice que ella **debe deducir y que infiere**, si bien parte de lo dicho del paciente, parecería que el saber está de su lado, lo cual desmerece su lugar como analista. Por ejemplo, al plantear que: "la velocidad, la capota, los interpreto como el clítoris"[66] A veces la lectura de este caso se propone como una traducción de lo que Roberto dice a lo que ella "infiere y deduce", y como toda traducción corre el riesgo de ser una traición al propio análisis. El trabajo de Sharpe es exhaustivo y esto se debe a que su objetivo es "...obtener el

---

65   *Ibíd.*

66   *Ibíd.*

significado completo de todo lo que se dijo."[67] A saber, en el pecado lleva la penitencia. El análisis no se puede proponer para encontrar los significados y menos aún la completud y la totalidad, la pregunta que nos brinca con esta manera de proceder es ¿dónde queda lo inconsciente?

Sharpe continúa relacionando lo dicho por el paciente con diversas cuestiones que infiere sucedieron en la primera infancia como son: ver a su madre desnuda, ser amarrado a la cama por masturbarse, no querer a otros hijos cerca de sus padres, entre otras. Plantea que de todo lo inferido, conjeturado y deducido sólo algunas cuestiones seleccionó para decirle a Roberto, lo anterior con el objeto de que le "ayudaría a sacar el material reprimido para su conciencia"[68] ¡gulp!; ahora sí que sin anestesia nos remite a pensar que un sujeto tiene una caja negra de la cual hay que sacar cosas y hacerlas conscientes para que se cure. Pasemos a transcribir tal cual lo que le dijo:

> Me referí al hecho de que él usó dos veces la palabra "pequeña" para describir su tos y dijo que al usar esa palabra estaba subestimando una fantasía conectada con la tos. Después me referí específicamente al sueño y señalé la manera en que el sueño como un todo indicaba poder inmenso, gran potencia. Después dirigí su atención al propósito de la tos en la referencia directa a separar a los amantes y dije que una fantasía de ese tipo debe estar asociada inconscientemente conmigo. Él había dicho que no me aburriría con una historia muy larga. Después se refirió al incidente del "Rey y la Reina" y supuse

67   *Ibíd.*

68   *Ibíd.*

que la fantasía omnipotente tenía sus raíces en su infancia más temprana en donde él habría podido detener o interrumpir a sus padres.

Después de esto correlacioné las asociaciones hechas con la agresión y deduje que él había deseado evitar que nacieran más niños; debido a que no nacieron más niños después de él su fantasía agresiva de omnipotencia se vio reforzada por este hecho, y por lo tanto aumentó el temor por su madre como una persona vengadora. Después afirmé mi convicción de que él vio los genitales de su madre y la proyección sobre ellos de las fantasías de venganza que deben ser correlacionadas con las fantasías de agresión asociadas con su propio pene como una cosa que muerde y perfora, y con el poder de su agua. Todo lo que he dicho es el significado de la masturbación que representó el sueño.[69]

Lo anterior nos remite a la frase de Lacan utilizada en el caso Dick de Melanie Klein: *¡qué manera de enchufarle* nosotros agregamos *todo esto al pobre hombre!* A propósito se utiliza el significante pobre, es decir la analista le da su saber a este carente sujeto, lo cual indudablemente le posibilitó y le movió cuestiones a Roberto.

Ella Sharpe termina su texto con lo ocurrido en las dos sesiones subsecuentes en donde plantea que se aprecia el progreso en el análisis.

"Roberto al subir las escaleras ya no tosió sino tuvo un pequeño cólico, al cual asoció con la diarrea de la niñez y lo llevó a preguntarse: si la tos realmente significaba viento y diarrea"[70], frase importante que

---

69   *Ibíd.*

70   *Ibíd.*

la analista interpreta como haber encontrado el significado. Ambas frases son enigmáticas, con posterioridad las retomaremos.

A la siguiente sesión de haber contado el sueño habló de la dificultad que tenía al jugar tenis para colocar un tiro que le permitiera arrinconar a su oponente, al igual que con la frase anterior, estos significantes fungen como enunciaciones que vamos a analizar.

Dos cuestiones finales permiten reconocer la escucha de la analista. Primero cuando reafirma la importancia que tuvieron las manifestaciones corporales que en las últimas sesiones mostró el paciente, es decir: la tos, los cólicos y por último haberse hecho pis en la cama. Lo segundo es en cuanto a su estrategia en el análisis, menciona que casi nunca hacía intervenciones, más que con algunas preguntas hechas la mayoría de las veces con monosílabos. Ella dice:

> La razón de esto se presenta en su sueño y en su comentario: "La mujer tomó la iniciativa. Si la mujer toma la iniciativa eso es de gran ayuda para mí", lo cual significa que su problema de agresión infantil es archivado de nuevo. Para ayudar a este paciente en ocasiones de este tipo debo dejarlo que tome la iniciativa todo lo que sea posible.[71]

Ceder la palabra a Roberto posibilitó que nos legara Ella Sharpe la riqueza de este caso clínico y el posterior análisis que Lacan lleva a cabo en el seminario titulado *El deseo y su interpretación*, que será lo que abordaremos a continuación.

Para terminar, algo interesante, se menciona que hubo dos sueños más en donde aparece el padre, no se relatan dichos sueños, pero

---

71   *Ibíd.*

los conecta con que Roberto por fin en un juego de tenis al ser molestado por su contrincante se defiende agarrándolo por el cuello y advirtiéndole que no lo volviera a molestar. Deja en suspenso la analista el contenido de los relatos oníricos y deja entrever que enfrentar a su contrincante remitía a su relación con el padre. Trataremos de proponer otra lectura desde Lacan, donde retomaremos lo presentado en este caso.

Capítulo 6
Lacan y su interpretación

Se trata de ver si el problema no puede ser formulado, articulado de una manera que llegue mejor la interpretación con ese algo sobre el cual intento hacerles poner el acento aquí, a saber, la topología intersubjetiva, aquella que bajo diversas formas es la que intento siempre construir aquí ante ustedes, restituir que ella es, por otra parte, aquella de nuestra experiencia, aquella del sujeto, del pequeño otro, del gran Otro, en tanto que su lugar debe siempre, en el momento de cada fenómeno del análisis, ser señalado por nosotros si queremos evitar cierta especie de enredo, de nudo, verdaderamente cercado por un hilo que no se ha sabido desanudar y que forma, si se puede decir, lo cotidiano de nuestra explicaciones analíticas.

Jacques Lacan,
El deseo y su interpretación.

El título de este capítulo parafrasea al seminario 6 de Lacan: *El deseo y su interpretación*, ya que allí retoma el caso de Ella Sharpe visto con anterioridad.

En seis clases revisa, interpreta y propone otra lectura de lo escrito por la analista inglesa en el texto titulado *Análisis de un sueño*. Estas clases van de la 8 a la 13, durante dos meses se apasiona por este caso, que le permite ir articulando y ejemplificar lo propuesto en la topografía del grafo del deseo.

Avancemos pues en la propuesta lacaniana.

Al retomar este caso, lo hace como ejemplo para articular *lo que es el análisis*, lo cual no es cualquier cuestión, y justamente parte del análisis de un sueño. Este es portador de un mensaje, materia de elaboración discursiva, en tanto ello es una enunciación, "… el inconsciente no está en ninguna otra parte que en las latencias"[72], el sueño es la vía regia del inconsciente.

Podemos saber del sueño a partir del enunciado del mismo, es decir en el nivel inferior del grafo, como hecho de creación espontánea, como discurso del sujeto. "Es una cadena significante que se presenta bajo la forma habitual del lenguaje, que es algo sobre lo que el sujeto ha de hacer un relato…"[73] Se presenta el enunciado (línea inferior del grafo) y, a partir de ésta, se posibilita ir más allá, a la enunciación. Esta enunciación conformaría lo que Freud llama los pensamientos latentes del sueño, por lo cual el enunciado sería el contenido manifiesto del mismo. La segunda cadena significante está constituida por los fragmentos de discurso, por el efecto de significación de la retroacción del significante. En la detención del discurso, en los lapsus, en este más allá al que todo discurso convoca.

Al contar un sueño se hace presente un más allá de la intención, que se presenta en esta fragmentación expresada en el propio relatar el sueño, otro significante viene a suplantar al significante primero, —lo cual es una característica de los significantes— y con ello se implanta

---

72   LACAN, Jacques. Seminario 6 *El deseo y su interpretación*, traducción de la Escuela Freudiana de Buenos Aires, p. 105.

73   *Ibíd.*, p. 95

otro sentido. Al hablar de otro, a nivel del sujeto surge la pregunta ¿Quién es el que habla? ¿Quién es el sujeto de la enunciación? La respuesta no se hace esperar: el sujeto del inconsciente.

> La fragmentación que se produce en el nivel de la enunciación, en tanto es asunción del sueño por el sujeto, es algo de que lo que Freud nos dice que está sobre el mismo plano, de lo que el resto de la doctrina nos muestra como la vía de la interpretación del sueño, a saber, la descomposición significante máxima, el deletreo de los elementos significantes, ya que es en ese deletreo que va residir la valoración de las posibilidades del sueño.[74]

Entonces ya lo decía Freud el sueño es el material regio para hablar de lo inconsciente, es decir del sujeto. Para Lacan el sueño se presenta como elaboración discursiva, que muestra que "el inconsciente no está en ninguna otra parte que en las latencias…"[75] De allí va abordar este caso de Ella Sharpe, a partir de lo dicho antes y después del relato onírico y de lo que transmite la analista al escribir este artículo.

La tos y su más allá… el fantasma

Él llega al consultorio tose, quiere no hacerlo pero la tos le sobreviene, Él se pregunta el porqué de eso que se le impone desde días antes al entrar al consultorio. ¿Qué se le impone a este sujeto, qué se le presentifica?

74   *Ibíd.*, p. 103
75   *Ibíd.*, p. 105

Vamos por parte para poder contestar la interrogante central de este caso.

Ante la pregunta que el paciente articula de ¿cuál es el propósito de su tos? surgen seis asociaciones, la última es el recuerdo del sueño:

1. Amantes en un cuarto
2. Hermano con su novia, él interrumpe
3. Analista con otra gente
4. Él como un perro: ladra
5. Perro masturbándose con su pierna
6. Sueño que ha tenido la noche anterior.

Vayamos desglosando una por una.

Amantes en un cuarto, así lo dice Roberto:

> Bueno, es el tipo de cosas que alguien haría si entrara a una habitación en donde dos amantes están juntos. Si uno se aproximara a un lugar así podría toser ligeramente para avisarles que serán interrumpidos. Yo hice eso cuando, por ejemplo, era un muchacho de quince años y mi hermano estaba con una muchacha en la sala de dibujo, entonces yo tosía antes de entrar para que si estaban abrazándose dejaran de hacerlo antes de que yo entrara. Así no se sentirían tan avergonzados como si los hubiera atrapado haciéndolo[76].

Comenzamos la interpretación; la tos es un mensaje, en este caso de que él va llegando y que no quiere interrumpir una situación erótica, para él los otros estaban haciendo algo sexual, la pregunta que salta a la vista y que la analista formula es: ¿Y por qué toser antes de entrar aquí? A lo que el paciente responde que es absurdo, ya que la analista no le hubiera dicho que subiera si alguien estaba con ella y afirma que no piensa en ella "de esa forma en absoluto", la cuestión es que de esa forma sí la piensa, *esa forma* ¿a qué se refiere?, sino a una fantasía sexual concerniente a su analista. Con lo anterior cae la aseveración que puntuamos en el capítulo anterior con respecto a la transferencia, la analista así lo dice:

> Al igual que los lazos psicológicos con su padre han sido enterrados por la represión en el inconsciente, la transferencia de dichos lazos hacia mí se ha mantenido inconsciente. Debido a que su padre está "muerto", hasta ahora en lo que respecta a la transferencia del padre yo también he estado "muerta". Él no tiene pensamientos sobre mí. Él no siente nada por mí. No puede creer en la teoría de la transferencia. Sólo cuando llega al final de un término, sólo cuando llegan los fines de semana, tiene un ligero indicio de ansiedad de algún tipo y sólo durante el último mes aproximadamente ha sido capaz de mantener, incluso intelectualmente, la idea de que su ansiedad tiene algo que ver conmigo o con el análisis. Persistentemente la ha atribuido a alguna causa real que siempre puede encontrar como responsable.[77]

Si la transferencia se mantiene inconsciente, lo cual de ninguna manera es que no sienta nada por ella, al contrario, como lo muestra la asociación anterior. Lacan dice que no hay rechazo de la fantasía sexual concerniente a la analista sino admisión, que si bien esta es

---

77   *Ibíd.*

desviada se puede hacer patente por las asociaciones que va expresar el paciente.

Lo que sigue es nombrado por el paciente como una fantasía. Antes de abordar ese fantasma esencial —ladrar como un perro— que nos responde a la pregunta primera de ¿a qué propósito sirve la tos?, vamos a articular la tos como un mensaje, tal como Lacan lo trabaja.

Lo primero es que la tos se presenta en el contexto del análisis, se puede dar porque el sujeto está en análisis, es una tos anunciadora hacía la analista. Si retomamos lo dicho por ella de que nunca lo oía llegar, podemos articular que el paciente se hace escuchar, allí donde nunca se lo oía llegar, pero con la tos, con una articulación significante hacía el otro que denota, estoy aquí. La cuestión es como el sujeto se posiciona en ese "estoy aquí".

La tos es un mensaje, ¿cuál es el propósito de dicho mensaje? Lo esencial que se muestra es que estamos a nivel del lenguaje, del discurso: un mensaje que lleva un propósito. Retomando el grafo podemos ubicar la pregunta del analizante, la cual se puede formular a partir del Otro (en este caso de la analista ¿por qué toser antes de entrar a sesión?), en el nivel del enunciado y a partir de ahí surge apuntando ya a la segunda cadena, a la enunciación, la pregunta de ¿qué me quieres?, en italiano el: *Che vuoi?*, es decir la interrogación que aparece es ¿Qué es el significante del Otro en mí?, y que es lo que muestra sino la castración del Otro y la mía, y ante esto lo que va aparecer (como una respuesta) es el fantasma; pero vayamos despacio. Si completamos el piso de abajo, quedaría así: en el primer nivel del grafo la presencia de la tos, la cual se presenta ante el A. En el segundo nivel es donde se pregunta por el mensaje de esa tos, es decir por atravesar el campo del deseo se responde que es un mensaje y se posibilita un más allá de ¿mensaje de qué?, que muestra la tos sino la insuficiencia del sujeto, al revés de la lectura propuesta por Ella Sharpe que lo pone del lado de la omnipotencia, más bien muestra la impotencia de no decir: ¡aquí estoy, escúchame!, al no poder hacer eso tose. Y esa tos es la que le va permitir las siguientes asociaciones y la presencia del fantasma y del sueño.

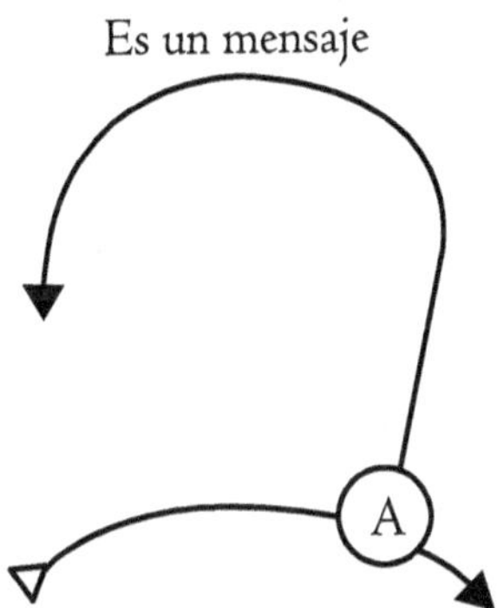

La primera asociación, como ya se mencionó es la de amantes juntos, en donde hay dos en cuarto y él tose para no incomodar, es decir él llega como tercero pero no haciendo mal tercio, cuando los de adentro están juntos, él como tercero está afuera; cuando entra son tres, pero ya no están juntos los amantes, lo anterior para Lacan va a constituir el *leit motiv*, parte esencial de este sujeto: el lugar de lo tercero en su vida. Como siendo parte y no, de este estar con los otros.

Pensando en lo absurdo de la asociación que tuvo antes de entrar a sesión (de los amantes en un cuarto y del recuerdo de lo que hizo a los 15 años ante su hermano y la novia de éste), aparece lo siguiente:

Sin embargo, me ha recordado una fantasía que tuve de estar en una habitación en donde no debería estar, y pensar que alguien podría pensar que yo estaba ahí, e imaginé que para

evitar que alguien llegara y me encontrara ahí ladraría como perro. Eso disfrazaría mi presencia. Ese "alguien" diría: "Oh, ahí sólo hay un perro".
(Analista.) ¿Un perro?
(Paciente.) Eso me recuerda a un perro que se restregaba contra mi pierna, en realidad se masturbaba. Me apena contárselo porque no lo detuve. Lo dejé seguir y alguien pudo haber entrado. (Después el paciente tosió.)[78]

Vamos a ir por partes en la desarticulación de estas frases.

Primero la fantasía, como el paciente la nombra, es la presencia del fantasma, el cual siempre tiene algo de absurdo, de irreal y de imposible.

Estar en una habitación donde no debería de estar, por qué este sujeto no debería estar en esa habitación, primera puntuación él está en donde no debería, en tanto eso está transgrediendo.

Segunda puntuación: la presencia de otro sujeto, es decir otro sería el que pensaría que él no debería de estar en la habitación y ante ese otro es que ladra para disimular su presencia. Al querer disimular su presencia como sujeto, hace algo que llamaría más la atención de cualquiera, si ladrar en un sujeto es absurdo lo que menos provoca en ese alguien es decir: ¡Oh ahí sólo hay un perro! Pero a pesar de ser insostenible en la realidad, eso es lo que menos importa, sino lo que esta articulación fantasmática le permite al sujeto: estar como ausente en donde no debería de estar.

Entonces el fantasma ya está articulado, si escribimos su fórmula: $\$ \lozenge a$, el sujeto se hace otro a partir del significante, el ladrido es aquí el significante de lo que no es, pero que lo sostiene en tanto él no es un perro, gracias a este ladrido para el fantasma se obtiene el siguiente resultado: él (Roberto) es otro de quien es, y allí hay un soporte en tanto sujeto en el fantasma. Asimismo, lo que el sujeto elide (suprime) en el fantasma es que haya un otro imaginario, él se hace otro, él se hace objeto.

Lo que muestra el fantasma —que nos remite a una fantasía infantil, en donde los niños son perros o cualquier otro animal y hacen *guau guau,* esos son sus significantes propios— es que en lo inoperante de su propuesta el sujeto se presenta y no, allí la paradoja y la complejidad del fantasma como "atrapado en el dominio de la palabra, hacerse animal, producirse ausente, naturalizado literalmente."[79]

Lo que anuncia el sujeto del fantasma es que allí no hay nadie, en tanto que estoy en presencia de otro: yo no soy nadie. Esto es importante que se recuerde como una pieza clave de la subjetivación de Roberto que se va relacionar con no poder ganar en el tenis y sus fobias, ¿cómo se puede ganarle a otro si no se es nadie? Asimismo, se relaciona con lo dicho por su padre en el lecho de muerte, por esta sentencia que hizo destino de: "Roberto debe tomar mi lugar", las interrogantes que surgen son: ¿Cuál lugar? ¿El lugar del padre, del padre muerto, o sólo ser el muerto? Lacan pone el acento en el lugar de la palabra, en tanto se pronuncia —por el padre— en la agonía y en otra parte. Plantea que tiene que ver con la omnipotencia de la palabra (recordemos que Sharpe propone la omnipotencia del lado del paciente), no tanto con la muerte sino, que el acto de hablar se da en la agonía —de su padre— en su última palabra. Esto es esencial ya que va permitir empezar a pensar el fantasma asociado a la tos (no se lo escucha, tose para hacerse oír) y al ladrido "Él no es nadie": donde

79   LACAN, Jacques. *Seminario 5 Las formaciones del inconsciente.* Paidós. Argentina. 1999, p. 11

es no debe estar o donde es no está. Retomando el segundo piso del grafo aparece la pregunta que se presenta en el paso a este más allá que vislumbra el deseo, a este gran Otro —en este caso su padre— ¿qué me quiere el Otro? Acá donde no soy o acá donde muero. ¿En qué lugar queda la palabra de paciente? en el fantasma: la tos y el ladrido. Nos dice Lacan: "El sujeto —como con su tos— se hace otro, pero esta vez no se pregunta cuál es el significante del Otro en él; se protege con la ayuda de un significante; se expulsa del dominio de la palabra, se hace animal; ya no hay nadie. En tanto que yo estoy en presencia del otro, no soy nadie."[80] La pregunta más que poder hacérsela se le impone y aparece el fantasma, no tanto como respuesta sino como sostén, de qué: del deseo.

Sabemos que él se queja de diversas fobias que afectan su cotidianidad. Por ejemplo: al ser abogado debe litigar, hablar, y es lo que más le cuesta, hay una inhibición ante esta omnipotencia de la palabra, que remite, en tanto Otro del lenguaje, a otra parte, más allá del enunciado está la enunciación y su posibilidad de hablar del deseo, pero si este encuentro con el Otro me presenta en lo real la muerte, entonces, lo que se le presentifica es más sostenerse en el fantasma. Algo que sucedió en análisis es que en un principio sólo hablaba del padre como "Está muerto", más adelante pudo expresar que su padre hablaba, es decir el Otro habla, lo anterior abrió la posibilidad de él tomar la palabra, siendo tomada por ésta.

Para terminar el análisis de esta frase retomemos la última parte: *Eso me recuerda a un perro que se restregaba contra mi pierna, en realidad se masturbaba. Me apena contárselo porque no lo detuve. Lo dejé seguir y alguien pudo haber entrado.* Finaliza la frase con una discreta tos. Vemos repetirse

80   LACAN, Jacques. *Las formaciones del inconsciente.* Editorial Nueva Visión. 1982, p. 162

diversos significantes: perro, la intervención-interrupción de un otro. Aparece un elemento nuevo la masturbación que justamente va dar paso al recuerdo del sueño. Las asociaciones tienen en común tres cuestiones:

1. la repetición de significantes
2. la repetición de escenas: dos en un cuarto y un tercero que puede entrar
3. la connotación de que algo sexual está presente implícita o explícitamente. Recordemos la tos anunciadora para no sorprender a su analista, entrar en donde están dos amantes y por último la masturbación

A pesar de esas coincidencias algo se presenta como diferente. Y eso es el lugar del perro, que había sido él como ausente, siendo otro ladrando. Ahora se presenta como el mismo imaginario, pero sin la pantalla, sin el recubrimiento, es él quien se masturba y eso se presenta como insoportable, es la desaparición del sujeto, tal cual lo dice: me apena contárselo, alguien pudo haber entrado y allí de nuevo un corte-sostén: la tos. Pero entonces este perro se vuelve un ideal porque no es un animal hablante, se encuentra fuera de la vista del Otro y es potente, está gozando. Cuando él se masturba como perro está en el nivel inferior del grafo, a nivel imaginario se identifica con otro potente que goza sexualmente, pero siendo un perro. Él, como perro en lo imaginario en el lugar de ideal, se puede masturbar a condición de que el Otro no entre, no mire, no intervenga. Porque lo que es insoportable para Roberto es estar ante este Otro, ya que él es quien no posee la potencia de la palabra y no tiene un lugar, más que sosteniéndose en el fantasma o presentándose en la identificación con un ideal. Lo esencial de señalar es que la identificación del sujeto está en todos lados y en ninguno, está en nadie.

Después se produce el recuerdo del sueño; que manifiesta la relación del deseo al fantasma, como se tratará de argumentar a continuación. Hasta aquí podemos volver a dibujar el grafo ya con los otros elementos que lo conforman.

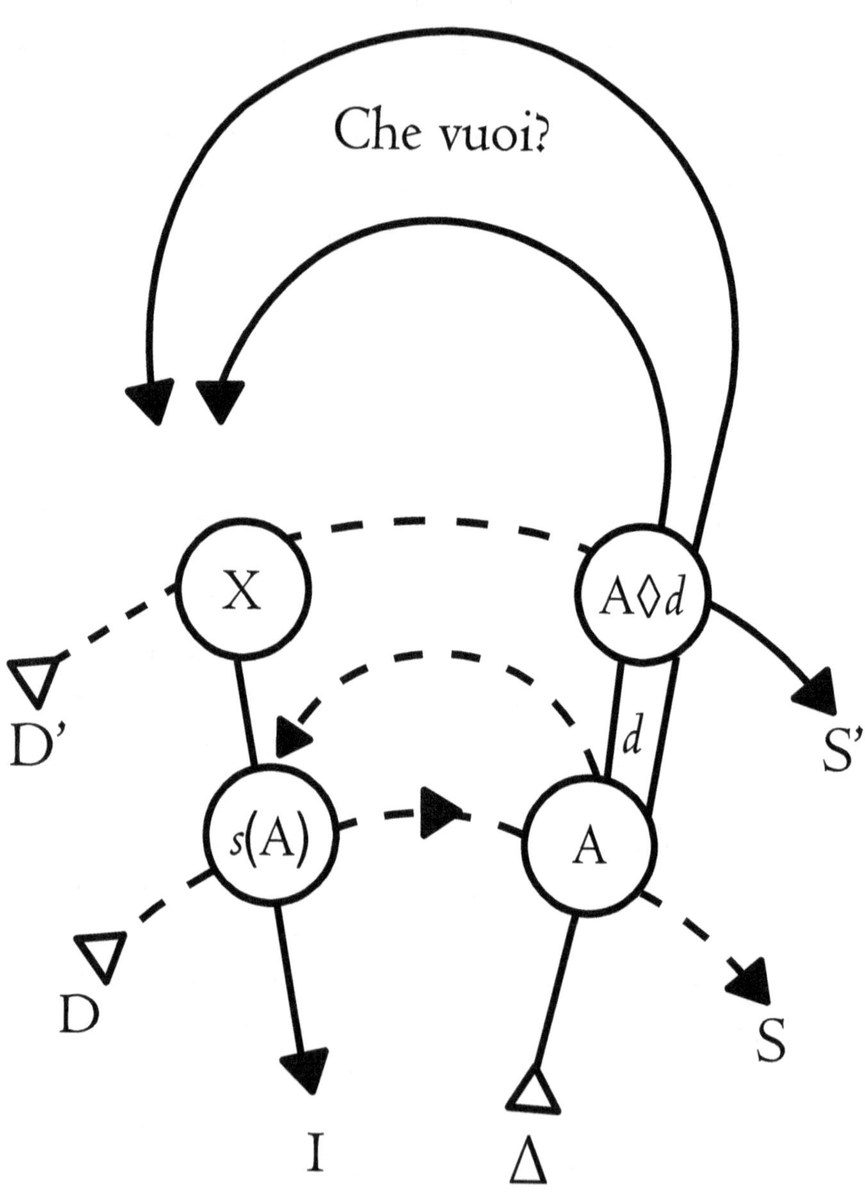

El enigma del sueño

El sueño aparece como el elemento articulador de la presentación de este caso, en tanto muestra (para Lacan) la relación del deseo con el fantasma. Todo texto onírico presenta algún enigma y este lo cumple paradigmáticamente.

Después de mencionar al perro masturbándose en su pierna viene el recuerdo del sueño, la asociación tiene que ver con la masturbación. Dice sólo acordarse de una parte y que fue un sueño tremendo y a la vez emocionante, lleno de incidentes y de interés. Lo cuenta de la siguiente manera:

Estaba viajando con mi esposa alrededor del mundo y llegamos a Checoslovaquia en donde sucedía todo tipo de cosas. Conocí a una mujer en un camino, un camino que ahora me recuerda al camino que le describí en los dos últimos sueños recientes en los cuales mantenía juegos sexuales con una mujer frente a otra mujer. Así sucedió en este sueño. *Esta vez mi esposa estaba ahí mientras ocurría el evento sexual. La mujer que conocí tenía una apariencia muy apasionada* y me recordó a una mujer que vi en un restaurante ayer. Ella era oscura y tenía los labios carnosos, muy rojos y con una apariencia apasionada, y era obvio que si yo la hubiera animado ella habría respondido. Creo que ella debe haber estimulado el sueño. En el sueño *la mujer quería tener relaciones sexuales conmigo y tomó la iniciativa que como usted sabe es algo que me ayuda mucho.* Si la mujer hace eso es de gran ayuda para mí. En el sueño *la mujer en realidad se acostó sobre mí; eso lo acabo de recordar. Era evidente que ella quería poner mi pene en su cuerpo.*

Puedo afirmar eso por las maniobras que hacía. Yo no estaba de acuerdo con eso, pero ella estaba tan decepcionada que pensé que la masturbaría. Se oye muy mal usar ese verbo de manera transitiva. Uno puede decir: 'Me masturbé' y es correcto, pero no es correcto usar la palabra de manera transitiva.[81]

He aquí el relato, como hemos procedido en este capítulo vamos a analizarlo parte por parte. Al inicio se mencionó que el sueño en el interior del análisis se presenta como portando un mensaje, procedamos a ver qué mensaje trae este relato onírico.

Los elementos que encontramos: los personajes son Roberto, esposa y mujer "oscura". La realización de un viaje en donde, al igual que en dos sueños anteriores, se presenta una situación erótica en donde la mujer apasionada quiere tener relaciones con Roberto y la esposa (en los otros sueños otras mujeres) está como testigo de eso. Por último, piensa en masturbar a la mujer ante la no relación sexual. En la manera de enunciar este acto se presenta el deseo del sueño, en tanto presentado como un discurso, lo que se busca es una "rectificación de la articulación significante."[82] Nos dice Lacan el análisis del sueño muestra que el analizante busca reestablecer la intransitividad del verbo. Para explicar lo anterior recurriremos a la gramática. Los verbos según su significación se dividen en copulativos y predicativos, estos últimos a su vez en transitivos e intransitivos. En los transitivos la acción recae en una persona o cosa. Para saber si pertenece a esta categoría debe responder a la pregunta de qué o qué cosa es el objeto de la acción. Por ejemplo, en la oración "Emilia

---

81 Traducción.

82 LACAN, Jacques. *Seminario 6 el deseo y su interpretación*, clase 8, p. 107. Versión en francés, p. 153.

leyó la carta", la pregunta a responder es ¿qué leyó? Y la carta aparece como la respuesta. En el caso de los verbos intransitivos la acción permanece en el sujeto y resulta completa la oración sin necesidad de complemento directo. "Lucía se vistió" sería un ejemplo de este tipo intransitivo. En la frase: *I would masturbate her*, se pretende usar el verbo transitivamente cuando es intransitivo lo correcto sería: *I masturbated*; si retomamos la gramática podríamos decir la acción de masturbarse recae en o se refleja sobre el mismo sujeto que la realiza. La cuestión aquí es que Roberto se la trata de dar a otro. ¿Qué es lo que trata de dar? o mejor dicho ¿qué trata de restablecer? Lacan nos dirá la articulación significante: su lenguaje. Y se aventura más allá al completar la frase con los significantes que están elididos. Entonces, lo que estaría a nivel de la enunciación sería: "Ella estaba tan decepcionada por no tener (obtener) mi pene, que pensé: que ella me masturbe."[83] Trata de rectificar su ser como sujeto hablante, poder insertarse en el lenguaje al tomar la palabra.

Una reflexión teórica se presenta y es que lo mostrado por el fantasma y el sueño en su relación con el deseo, es diferente en ambos. El sentido del fantasma es mostrar que él no es allí donde está (tos, ladrido) y también que Roberto se anuncia como otro. Él no es allí donde está y allí donde no está: él es. Afuera es, pero no está y adentro está, pero no es. Sabemos que se posiciona así por la marca del significante. Lo enigmático del fantasma es que se imagina Roberto qué pasa adentro del cuarto, o lo que pueden pensar que él está haciendo, que lo lleva a toser. Nosotros podemos plantear es algo que es la sexualidad, de él y de los otros.

En cambio, el sueño se presenta como portador de un mensaje, en donde la pregunta enigma es ¿qué es Roberto en el sueño?, sabemos

---

83 *Ibíd.*

lo que Roberto se imagina, pero en el sueño no sabemos qué es él y es lo que se va interpretar. De allí que la propuesta de Lacan sea devolverle la intransitividad al verbo, rectificación de la articulación significante y sólo se puede llevar a cabo a través de plantear el lugar que desempeña el falo como significante que muestra la falta del otro y que es el que permite la dialéctica del deseo; adelante trataremos de dar cuenta de ello.

Roberto después de remarcar el uso incorrecto del verbo y ante las interrogantes de su analista asocia, asocia y asocia, como lo detallaremos a continuación:

I.   Sólo recuerdo que masturbé a otro niño una vez y olvidé todos los detalles y me da pena mencionarlo. Es la única vez que recuerdo. El sueño está vívido en mi mente. No hubo orgasmo. Recuerdo que su vagina atrapó mi dedo. Veo el frente de sus genitales, el final de la vulva. Algo largo y que se proyecta cuelga hacia abajo como un doblez en una capota (*hood*). Era como una capota y era eso lo que la mujer usaba para maniobrar y atrapar mi pene. La vagina parecía cerrarse alrededor de mi dedo. La capota parecía extraña[84].

Para Ella Sharpe la asociación anterior de la capota y las que seguirán en relación con la misma (12 más), la vincula con la vagina de la madre, y con el temor que ésta le causa. Recordemos que el sueño para ella representa la fantasía masturbadora "...en la cual él se hace pasar por otra persona, una que tiene gran poder y potencia."[85] Entonces la capucha viene a ocupar el lugar de esta madre-vagina

---

84   *Ibíd*, p. 92.

85   *Ibíd.*

devoradora donde Roberto proyecta sus fantasías agresivas hacía su progenitora. Y el pene estaría asociado con las fantasías de agresión, en la masturbación y en el mojar la cama.

Para Lacan este elemento imaginario la capucha —*hood*— tiene una función simbólica: significante, que marcará en gran medida la interpretación que propondrá en este caso. En tanto significante remitirá a otros y posibilitará pensar cómo se muestra el deseo en este hombre. Pero continuemos con las asociaciones para después hacer las interpretaciones correspondientes.

1. Piensa en una cueva, asocia con una que estaba al lado de una colina que iba de chico con su madre. Dice: "Su característica más notable es que su parte superior está colgando y tiene una apariencia muy similar a la de un labio enorme. De niño pensaba que era como el labio de un monstruo. De pronto pienso que labios vulvares significa labios."[86]

2. Recuerda un chiste *joke-limerik*[87] en donde se relaciona a la vagina con la escritura china, que tendrían una posición vertical; pero aclara que los labios vaginales están horizontalmente y dice que aún piensa en la capota.

3. Se acuerda de un hombre que le ofrece venderle una **bolsa** de golf barata y que el material sería de "tela para **capota** de motor". Enfatiza que recuerda su acento y lo imita.

4. Por la imitación rememora a una amiga que trabaja en una radiodifusora como imitadora.

5. De allí compara su mala memoria con la buena memoria

---

86 *Ibíd.*

87 Es una forma gramatical de 5 versos que conforman un poema disparatado, que se podría considerar como un chiste.

de su amiga y recuerda de su niñez una canción "¿Dónde conseguiste ese **sombrero**, en dónde conseguiste ese *tile?*" (*tile*: sombrero de copa alta).

6. "Mi mente ha regresado otra vez a la **capota** y recuerdo el primer auto en el que estuve, aunque claro, cuando eran nuevos se les llamaba motores. Recuerdo su capota, otra vez "capota de motor", como puede ver. ¡Bueno! La capota de este motor era una de sus características más obvias. Se podía amarrar hacia atrás con unas correas cuando no estaba en uso."[88]

7. Reflexiona como habla del coche como si fuera un humano. Recuerda que se sintió mal dentro de ese auto y que tuvo que orinar en una **bolsa** de plástico. Piensa de nuevo en la **capucha**.

La analista puntúa acerca de las correas, lo cual remite a Roberto a otras asociaciones.

1. Piensa que coleccionaba y cortaba correas de piel. "Creía que quería las correas para hacer algo útil pero sospecho que era algo innecesario. Me desagrada pensar que era una compulsión; por eso me molesta la tos."[89]

2. Supone que cortó las sandalias de su hermana.

3. Al pensar en las correas asocia con las carriolas de los niños que tienen correas. Piensa que en su familia no había carriolas, pero que eso no fue así, que sí debió haberlas. No lo recuerda, como tampoco haber visto a su padre en silla de ruedas.

4. De pronto comenta que debe enviar dos cartas de admisión de asociados al club (ya que él es el secretario del club) y

---

88   *Ibíd.*

89   *Ídem.*

dice una frase enigmática "Bueno, hemos deshecho esas cosas que deberíamos haber hecho y no hay nada bueno en nosotros."[90] La analista pregunta ¿desecho? y él asocia lo siguiente:

5. Que la frase le hizo pensar en botones de la bragueta. Los cuales nunca olvida abotonar. Aunque la semana anterior su esposa le hace notar que estaban desabotonados.

6. Asocia con un sueño donde un hombre le dice que se abotone los botones del abrigo.

7. "Esto me vuelve a recordar a las correas y cómo de niño me tenían que amarrar a la cama durante la noche pues de lo contrario me caía. Supongo que también me amarraban a la carriola."[91]

Hasta aquí hemos presentado una por una las diversas asociaciones que se posibilitan a partir del relato onírico. A continuación pasaremos a exponer qué nos permiten abordar en relación con el deseo.

Al principio de las asociaciones el elemento que repite y se destaca es la capucha. Lacan es tajante al afirmar que no se va a ir por la interpretación, que estaría más del lado de la psicología o la antropología, de la asimilación de la boca y la vagina como la evocación de ser comido, devorado por la madre, él va a poner el acento en el repliegue de la capucha, en este borde que se proyecta —over hanging—, esta parte superior que queda colgando. A diferencia de Sharpe, plantea que allí no está el pene, sino algo que se relaciona con una vagina prolapsada, con las paredes anteriores

90   *Ídem.*
91   *Ibíd.*

y posteriores de éstas que cuelgan. En el sueño esta capucha parece atrapar el dedo del sujeto, más no el pene. Lo cual tiene un valor significante (lo sabemos por las asociaciones que viene a continuación con el limerik) y conlleva una pregunta central ¿el sujeto pone o no pone el dedo? Parecería que con esto el sujeto se sustituye a sí mismo (una vez más) al no poner su cuerpo, su pene.

Lacan se toma el trabajo de buscar entre más de tres mil *limerik* y encuentra el siguiente, que pudiera ser al que hace referencia el paciente:

> Había allí una joven de la China
> Que confundió un día
> Su boca con una vagina
> Su enorme clítoris cubría con rouge
> Y puso rouge en sus labiecitos

El paciente nos lleva al campo de lo simbólico a partir de la escritura, de los *limerik* y de la escritura china, que por un lado la asocia con los labios, pero no los de la boca sino, los de la vagina ya que ambos corren verticalmente. Por otro lado, nos pone en la pista de que al igual que los caracteres chinos, son símbolos que tienen un valor significante, más allá de lo que uno como occidental pueda observar. Asimismo, esta imagen del sueño, es un elemento de un valor significante, así lo dice Lacan: "...este elemento del sueño tiene un valor significante, que en esta suerte de adaptación, de adecuación, de acomodamiento del deseo, en tanto que él se forma con relación a un fantasma que está entre el significante del Otro tachado $(S(\bar{A}))$ y el significado del Otro $(s(A))$, ya que ésta es la definición del fantasma en tanto que el deseo tiene que acomodarse a él."[92]

92   LACAN, Jacques. Seminario 6 *El deseo y su interpretación*, p. 136

La articulación del deseo en su valor significante, es algo enigmático, cerrado. Que aparece entre las dos cadenas significantes, la del enunciado como el contenido manifiesto del sueño (en este caso) y la otra cadena, la de la enunciación en donde aparece el contenido latente, como un enigma.

A continuación, el grafo del deseo en donde podemos ubicar gráficamente lo dicho en el párrafo anterior.

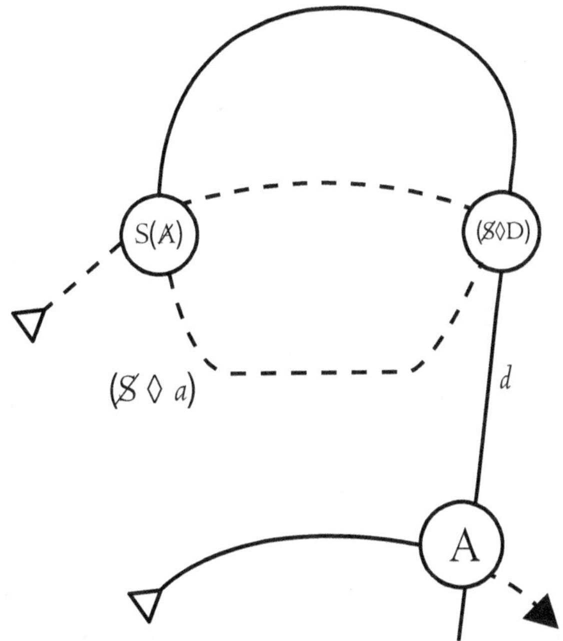

Lo esencial a resaltar es que este fantasma que aparece en el sueño, como la imagen del repliegue de la capucha, toma su valor como significante relacionado con el deseo a partir de las asociaciones que va haciendo el sujeto. Por lo anterior prosigamos con éstas.

En las siguientes elaboraciones (de la 4 a la 8) regresa a la capota-capucha cuatro veces. Vemos como este elemento significante insiste y se repite, y en cada asociación es distinto. Aparece relacionado con la bolsa hecha para los palos de golf, lo cual lleva albur incluido. Está asociada a la capota de su primer auto (que en este seminario y en otros más adelante Lacan lo trabajará como un objeto fálico, sobre todo para los hombres), que el mismo sujeto lo pone como si fuera un humano. Tendrá dos asociaciones posteriores con los autos: una donde su coche se descompone justo en el lugar que iban a pasar los reyes y otra donde habla de los coches de bebés —carriolas—.

Hasta este momento podemos hacer algunas puntuaciones, que valen como interpretaciones:

- Al final del relato onírico se plantea la masturbación. Al preguntar de quién, no es precisamente de la mujer, sabemos esto por la reflexión que plantea Roberto, del mal uso del verbo en transitivo, cuando es intransitivo. Entonces se trata de su masturbación, cuestión que puntúa la analista como central. La masturbación ya había estado presente en el perro (él) que se masturba, pero también en la tos del principio, en donde la analista podría estar haciendo algo sexual, o con otro, o en una actividad onanista.

- Con respecto a la masturbación podemos plantear que el acto en sí sólo se muestra una vez, el perro restregándose en la pierna del paciente; pero todas las demás veces se infiere. Lacan plantea que en el sueño está presente la idea de masturbar a la mujer, la cual se enlaza con el fantasma de la capucha en donde lo macho y hembra están entretejidos en este envolvimiento que hay por parte de esta vagina prolapsada y de este dedo. Así lo escribe: "Quiero decir que el sujeto no está simplemente tomado, contenido en el otro. En tanto que él la masturba, él se masturba, pero también no se masturba. …La imagen fundamental de la que se trata, que está acá presentificada en el sueño, es de una especie de vaina, de guante: por otra parte estas son en suma, las mismas palabras. Vaina es la misma palabra que vagina."[93]

- Lo anterior es parte del planteamiento central del caso. El deseo de este sujeto se presenta relacionado con este valor significante de la vagina prolapsada. La pregunta que salta es dónde está él en el lado femenino, o en el lado masculino. El lado femenino le permite acción, en tanto la vagina prolapsada. Pero él es impotente, en tanto él es masculino, no hay pene, hay un simple y aguado dedo.

- A partir de lo anterior, va apareciendo la dialéctica del deseo en su relación con el falo como significante, en relación al ser y al tener.

- El caso no va girar en torno a la omnipotencia del sujeto, sino a la omnipotencia de la palabra y lo que esto le imposibilita al sujeto. Recordemos al ser abogado debe litigar y le cuesta mucho esfuerzo. Le cuesta tomar la palabra, esto a su vez se relaciona con lo dicho por el padre al momento de su muerte: Roberto debe tomar mi lugar. El padre habla al morir, Roberto qué lugar debe tomar ¿el de la palabra en tanto muerte? O el de nadie en el que oscila en lo imaginario. O lo que sería la propuesta lacaniana en poder analizar su lugar con referencia a la posición que tiene ante este Otro del lenguaje.

Lacan hace un planteamiento interesante al retomar un término de Ernst Jones *afánisis*: desaparición del deseo. Pero lo propone de manera inversa a la propuesta por Jones, ya que no sería un temor a la desaparición del deseo simbolizado por la castración, sino que aparece la *afánisis* cuando algo del complejo de castración no se ha instaurado, cuando queda como una formación insuficiente y que deja al sujeto en confusión, angustia, por la no procedencia del complejo de castración. Para Lacan este caso ilustra un sujeto con el temor que conlleva la *afánisis*, pero no tanto en desaparecer sino en hacer desaparecer el deseo. Si recordamos algunas asociaciones, él no está donde se lo espera, se ubica en un deslizamiento de un lado al otro. Asimismo, cuando la mujer busca obtener su pene —*to get my penis*—, lo que aparece es un dedo envuelto en esta vagina prolapsada. Que el psicoanalista nos plantea que la imagen sería más bien como re invaginar algo que está vuelto hacía adelante. Lacan utiliza la metáfora del mago y su bolsa en donde esconde y aparecen los objetos, en el caso de Roberto pone en la bolsa (vaina-vagina) el dedo en vez del pene, en un acto de exhibición no de copulación, ante un tercero (su mujer). La pregunta es por qué ese gesto, como el de ladrar o de no interrumpir; como si estuviera haciendo desaparecer algo o alguien. Lacan nos dice: es todo el sujeto mismo el que es escamoteado. Roberto ante su deseo es un escamoteador, si recurrimos al diccionario encontramos que escamotear se refiere a un jugador de manos. Hacer que desaparezcan a ojos vistas las cosas que se manejan. En resumen, es hacer desaparecer, en este caso su deseo. Huye, se esconde. Es lo estructural lo que está en cuestión.

Sabemos que el falo juego un papel esencial en la dialéctica del deseo en tanto permite que se ejerza la función de la sustitución significante, en tanto es el significante de la falta del Otro. A saber, que el Otro no es la completud y que el lenguaje no puede decirle todo. Él permite que los sujetos puedan establecer a partir de su castración relación con los otros-semejantes y con el Otro. En Roberto el enigma central es que sucede con el falo ¿dónde es necesario concebirlo?, cuestión que seguiremos abordando.

Roberto al mencionar su primer coche recuerda que la capota se podía amarrar hacia atrás con unas correas. La analista pregunta acerca de esto, lo cual produce otras asociaciones. En donde aparece como una compulsión —al igual que la tos— coleccionar y cortar correas. Supone que cortó las sandalias de la hermana. Asocia con las carriolas de los niños que tienen correas. Piensa que en su familia no había carriolas, pero que eso no fue así, sí debió haber carriolas. No lo recuerda, como tampoco haber visto a su padre en silla de ruedas. Antes de finalizar la sesión recuerda: "Esto me vuelve a recordar a las correas y cómo de niño me tenían que amarrar a la cama durante la noche pues de lo contrario me caía. Supongo que también me amarraban a la carriola."[94]

En estas asociaciones se presenta una referencia implícita a la castración como algo que conlleva una cortadura, cortar las correas. Lo curioso es que las correas que se cortan son las de la hermana, la castración tiene que ver con el otro. Y por otra parte están estas correas que amarran. Es decir, algo que posibilitaría la no castración, este *a* como objeto del deseo que se encuentra en el fantasma y que posibilita el soporte del deseo, ya hemos visto que él aparece como otro donde no es y ahora como no castrado, pero aun así duda, ya que cavila al pensar si él tuvo o no tuvo carriola, podríamos decir tuvo *a* o no tuvo falo para ser castrado y que pudiera venir un objeto del deseo a soportar esta castración. De nuevo ¿dónde está el falo? Al final recuerda que fue amarrado a la cama para no caer, al igual que ladrar como perro para no ser visto; se da sostén en otro lado y se lo agarra verdaderamente "para que pueda ser en otra parte el significante, la imagen de la omnipotencia soñada"[95], en el significante *hood*, la vagina prolapsada.

94 Traducción., p. 8

95 LACAN, Jacques. *Seminario 6 El deseo y su interpretación*, clase II, p. 150.

Vemos que está totalmente jugada la castración pero, como lo mencionamos con anterioridad, del lado de la *afánisis*; haciendo desaparecer el deseo, en tanto el corte fue efectuado de forma insuficiente simbólicamente.

La siguiente asociación parece salir fuera de contexto, recuerda que como secretario de un club tenía que mandar dos cartas de aceptación a dos personas y allí intercala una frase enigmática: "Bueno, hemos deshecho esas cosas que deberíamos haber hecho y no hay nada bueno en nosotros."[96] Esto es una transliteración de un libro de oraciones muy usado por los ingleses, llamado *Libro de oraciones comunes*. La frase que está en el libro es: "hemos dejado de hacer las cosas que teníamos que hacer y hemos hecho esas cosas que no deberíamos hacer. No hay nada sano en nosotros."[97] Lo esencial de la frase que Roberto translitera es "no hay nada bueno en nosotros", que es lo que en él no hay: el falo, que es el objeto "bueno", que para él es toda la cuestión. Así lo dice Lacan:

> Es muy importante para el sujeto decir que ese objeto bueno no está allí. No está jamás allí donde se lo espera. Y es seguramente un *good thing* que es para él algo de la más extrema importancia, pero no es menos claro que eso que tiende a mostrar, a demostrar, es siempre una sola y misma cosa, a saber: que él no está jamás allí. ¿Allí dónde? Allí donde se podría *to get*, apoderarse de eso, tomarlo. Y es eso claramente lo que domina el conjunto del material del que se trata.[98]

---

96 Traducción.

97 LACAN, Jacques. Seminario 6 *El deseo y su interpretación*, clase 11, p. 146.

98 *Ídem.*

Amarre de ideas, más no de correas

El sueño nos presenta una situación central que se articula a partir de la relación entre tres personajes: Roberto, su esposa y otra mujer. Roberto piensa que debe masturbar a la mujer, ya que ella no puede obtener el falo, lo que aparece como la vagina es una capucha vuelta hacia adelante y lo que el sujeto pone allí es su dedo. El deseo aparece allí ligado a esta especie de masturbación en donde el sujeto no separa las dos caras de lo masculino y femenino. Lo primero lo muestra como impotente, lo segundo lo libera, pero lo feminiza y esa vagina prolapsada muestra que el falo allí no está. Con todo esto podemos ver que el sujeto se presenta ante el deseo como haciéndolo desaparecer, al revés de lo que Lacan propone en el Seminario 5, donde dice: "la articulación significante no basta, sino el deseo de reconocimiento por parte del sujeto, es más el sujeto está atrapado por este deseo de reconocimiento que le asigna un lugar y una posición".[99] Y eso es lo que justamente Roberto no tiene: ni un lugar, ni una posición frente a su deseo, sino haciéndose desaparecer o despareciendo el pene o separando a los amantes.

Pero aquí una vuelta de tuerca más esencial, por fin se va a responder dónde está el falo "Es en tanto que el falo no está puesto en juego, que el falo está reservado, está preservado, que el sujeto no puede acceder al mundo del otro."[100] Y para él lo más difícil de soportar y esta es su neurosis, no es perder el falo o el temor a la castración sino,

99   LACAN, Jacques. Seminario 5 *Las relaciones de objeto*, clase 14, p. 259.

100   LACAN, Jacques. Seminario 6 *El deseo y su interpretación*, clase 12, p. 166.

que el Otro esté castrado. De allí que la propuesta sea que el falo es su esposa que está viendo cómo se desarrolla la acción en el sueño, como estando y no estando y sin participar, pero que tampoco se toca ni se mueve. Ella Sharpe también ocupa este lugar, cuando él tose antes de entrar a verla al consultorio, para prevenirla de su presencia y que nada de la completud de su analista pueda ser afectada. Pone a otro (mujer, analista) en el lugar de Otro no castrado y ante éste él se presenta como insuficiente, ahí está el entramado de la neurosis de Roberto. La omnipotencia de la palabra es que no hay falo que posibilite la tachadura del otro, por ejemplo en el sueño no hay falo como significante sino el otro está en el lugar del falo. Con todo lo anterior el deseo se presenta en *afánisis*, desapareciendo y el sujeto también.

Se plantea otra metáfora: la del juego de ajedrez. Cuestión que es referida por la propia analista, Roberto no quiere perder su dama y cree que con tener la dama a salvo, puede ganar el juego, la partida. Y esto no lo hace omnipotente al sujeto, como interpreta Sharpe, sino al Otro. Este Otro que no debe estar castrado. Qué se quiere decir con esto, a saber, que el Otro posea el falo. Y esto lo que trae aparejado es que no entre en juego el falo, que no sea posibilitado la articulación significante, y el sujeto se presenta como no pudiendo, ni litigar, ni tener éxito, ya que esto queda fijado al Otro.

Lacan retoma un planteamiento de años anteriores, en todos los casos que encontramos resistencia esta es del analista. En tanto esa afirmación sugiere que Ella Sharpe es la que se resiste a trabajar la castración de este Otro, en poder analizar y articular que la mujer es sin tenerlo, que la mujer está castrada. Y lo escribe así: "No es especialmente inoportuno que ella sea mujer. Eso podría ser completamente oportuno si ella diera cuenta de lo que hay que decir al sujeto, a saber que está ahí como mujer y que eso plantea preguntas, que el sujeto ose ante ella pleitear su causa. Eso es precisamente lo que él no hace."[101] Ella lo aborda por el lado de la agresión del falo, cuestión que no aparece en Roberto y él se lo hace ver trayéndole a análisis el haber mojado su cama, le muestra lo que puede hacer con su pene en tanto órgano biológico, en donde obviamente no está el falo.

Al no haber Otro del Otro, al no existir la completud, el sujeto se puede vivir él también como no completo, como un sujeto a desear, mientras seguirá oscilando en un juego imaginario.

Como en los casos anteriores no sabemos qué fue de Roberto, pero lo que sí podemos afirmar es que ojalá hubiera continuado en análisis porque había una analista que lo escuchaba, con sus resistencias y fallas (como todo buen analista), pero posibilitándole seguir en búsqueda de su deseo y por qué no del falo como significante. Terminemos con un hermoso párrafo de nuestro maestro francés:

> Esto es, que en el ser humano, no hay ninguna posibilidad de acceder a esta experiencia de totalidad, que el ser humano está dividido, desgarrado y que ningún análisis le restituye esta totalidad porque precisamente otra cosa es introducida en su dialéctica que es justamente aquella que nosotros intentamos articular, ya que nos es literalmente impuesta por la experiencia y en primer lugar por el hecho de que el ser humano, en todo caso, no puede considerarse en último término nada más que como un ser el que falta algo; un ser-ya sea macho o hembra-castrado.[102]

101   *Ibíd.*, p. 164.
102   *Ibíd.*, p. 158.

Reflexiones finales

Sólo cuando nos volvamos con el pensar hacía lo ya pensado, estamos al servicio del pensar

Martín Heidegger,
El principio de identidad.

A decir verdad el pensamiento de los analistas es una acción que se deshace. Esto deja alguna esperanza de que, si se les hace pensar en ella, pasen de retomarla a repensarla.

Jacques Lacan,
"La dirección de la cura y los principios de su poder".

Al final del recorrido se impone revisar y dar cuenta de cuál fue el origen de esta investigación. Comparto con Lacan la siguiente propuesta: "al principio no está el origen está el lugar … Se ocupa el lugar al que un acto los empuja así, a la derecha o a la izquierda, hacia aquí o hacia allá."[103] Desde el lugar en que este texto surgió fue

103 LACAN, Jacques. "Mi enseñanza". Paidós. Argentina. 2007, p. 14

desde mi clínica. El espacio donde nacen las interrogantes acerca del trabajo que uno hace, desde nuestro lugar como analistas. Algunas de ellas todavía hoy son vigentes ¿Qué es un caso clínico?, ¿la clínica se puede compartir con otros? Lo que estas preguntas conllevan es, al hablar de un caso, ¿a qué uno se está refiriendo? a lo sucedido en el consultorio, a lo que uno puede transmitir de eso, allí ya se presenta una primera modificación (por decirlo de algún modo) de un caso. Si se escribe acerca de la clínica tenemos una segunda modificación. Y si uno más lee lo que otro ha escrito de su praxis, ya hay un tercer cambio. Y si, como en este libro se da cuenta de lo que otro escribió, se presenta una modificación más. Entonces, parece que el caso en sí no es lo que parece ser, está en constante movimiento. Se me ocurre que tiene mucho que ver con el significante, es pura de diferencia, en su repetición se marca está diferencia y es en tanto hay otros. Así los casos serían la diferencia que hay con otros procesos clínicos. La repetición estaría en volver a ellos para dar cuenta de lo que está sucediendo (por ejemplo, el trabajo que se realiza en las supervisiones) y también estaría presente en la escritura, ya que para poder plasmarla en un papel se vuelve una y otra vez al análisis de los procesos. Y la dimensión de lo otro, en los casos, estaría en poder pensarlos en relación a otros casos, pero también en poder pensarlos con otros colegas, a veces esos compañeros de oficio nos acompañan con sus textos.

Lo anterior me lleva a plantear una cuestión que me ha habitado ya varios años en el ejercicio de mi clínica: es el tema de la soledad del analista. En el consultorio el trabajo implica una gran soledad, ya que uno no está allí compartiendo como sujeto los decires de sus pacientes, se está posibilitando esos decires, al posicionarse en el lugar de analista. Y, por otra parte, es complicado tener otros con quien discutir, compartir, analizar lo que sucede en una situación analítica. Ante lo anterior los textos se presentan como un camino de reflexión ante la propia clínica. La reflexión de la clínica me permitió proponer una relectura de los casos. Donde algunas interrogantes encontraron cauce, otras quedaron sin responder y lo más importante es que surgieron nuevas, que es lo que enriquece y puede permitir seguir en el camino del psicoanálisis.

Cuatro casos de cuatro analistas diferentes, con una nueva propuesta de lectura por parte de Jacques Lacan. Vamos por partes.

El Hombre de las Ratas. Sigmund Freud es el creador del psicoanálisis, fue un genio al transmitir su saber y al pensarlo. Sus casos son cada uno esenciales conforman parte medular del campo del psicoanálisis. Desde un principio tuve claro que iba a trabajar algún caso de Freud. La decisión por el Hombre de las Ratas fue, ahora lo sé, por el trabajo que vislumbre se podía plantear del lado del significante. Y creo que mi lectura se centró en ello. Sin dejar de lado la importancia de todo lo planteado en el texto, hubo una delimitación en el eje a destacar, el lugar articulador que para mí estuvo jugado en el significante rata (*ratten*). Una cita de Lacan armoniza con la propuesta realizada al leer este caso:

> Cuando una misma palabra vuelve a encontrarse en tres entrecruzamientos de ideas que se le ocurren al sujeto, ustedes se darán cuenta de que lo importante es esa palabra y no otra cosa. Cuando han encontrado la palabra que concentra en torno de ella la mayor cantidad de filamentos de este micelio, saben que allí está el centro de gravedad escondido del deseo en juego.[104]

104   *Ibíd.*, p. 44

Dick está presente por la transferencia al niño como paciente, cómo a partir de una intervención brusca de la analista en él algo se mueve. En mi lectura Dick apuesta en su análisis y puede articular lo que no había tenido lugar afuera, emite un llamado. Y de allí también el reconocimiento a Melanie Klein, no por el rumbo que toman sus interpretaciones, sino porque ocupó el lugar de analista.

El caso del Lobo, Lobo muestra cómo la vida de un sujeto puede llamarse vida a partir de un análisis. Este niño estaba destinado a un internamiento definitivo por su diagnóstico de parapsicótico. Pero a lo mejor eso no era lo más terrible, sino que en su corta historia de vida no había tenido un espacio, ni físico, ni con otro ser que ocupar. La analista le brinda ese lugar, a pesar de lo difícil de trabajar en un hospital y, sobre todo, por las complicaciones del caso en sí mismo. Rosine Lefort apuesta a ver en el Lobo Lobo a un niño y en mi lectura lo logra. Además, se muestra cómo a partir de lo propuesto por la analista Lacan retoma dichas cuestiones pero proponiendo una lectura otra. Asimismo, en este caso están muy presentes las intervenciones, me refiero a que la analista pone su cuerpo (en la realidad) en el análisis. En momentos esas intervenciones fungen como interpretaciones, pero en otros son contenciones hacía el sujeto. Lo cual permite de alguna manera plantear que en el análisis con niños no tan sólo los juegos están presentes, ejemplo es este caso que no había juego, sino que hay otras maneras de intervenir.

En los dos casos de niños queda abierto el enigma: ¿qué habrá sido de ellos? Para lo cual no hay respuesta posible. Pero sí se puede plantear que el paso por el análisis posibilitó que no fueran los mismos que antes.

"… el sueño está hecho para el reconocimiento… pero nuestra voz desfallece antes de concluir: del deseo. Porque el **deseo**, si Freud dice la verdad del inconsciente y si el análisis es necesario, no se capta sino en la **interpretación**."[105] Esta cita sirve para introducir el caso de Ella Sharpe en tanto, análisis de un sueño. Texto que Lacan trabaja precisamente en el seminario titulado *El deseo y su interpretación*, y que trata de mostrar cómo el deseo se articula con el significante. De allí que retoma al sueño como un hecho de "creación espontánea", que el sujeto lo lleva a análisis como un discurso, como un enunciado. Y a partir del trabajo en el consultorio se podrá plantear la enunciación que conlleva. Enunciado y enunciación, las dos cadenas significantes presentes en el grafo del deseo. Tenemos entonces: sueño, deseo, interpretación y grafo. Justamente los conceptos que están en juego en los capítulos siguientes.

El caso de Ella Sharpe fue el más complicado de estructurar por diversas razones. El texto de la analista primero tuvo que ser traducido al español, lo cual implicó una ardua labor. Después, al abordar el caso varios elementos estaban en juego, ya que no sólo fue trabajar con el sueño que tuvo Roberto sino con las asociaciones anteriores y posteriores al relato onírico. Lo que conllevó a escribir el capítulo del grafo del deseo para poder insertar este caso en el contexto que Lacan lo trabaja en el año de 1958.

El grafo del deseo, como ya se mencionó, incluye sino todos, una gran cantidad de conceptos que intervienen en la clínica lacaniana. De allí su complejidad al escribir acerca de éste. Pero su objetivo al presentarlo fue mostrar su utilidad en el trabajo clínico. El grafo es

---

105   LACAN, Jacques. "La dirección de la cura y los principios de su poder". Siglo Veintiuno Editores, México, 1991, p. 603. Las negritas no están en el texto.

un artefacto que permite plasmar, en un presente ideal, aspectos que se juegan en la praxis analítica.

El caso de Ella Sharpe está presente por la riqueza del relato de las sesiones que la analista nos heredó. El texto impresiona por la cantidad de detalles que se nos dan de lo ocurrido, sobre todo, en una sesión. Lo cual, le permite a Lacan realizar un análisis exhaustivo de las asociaciones y de lo que está jugado en ellas. A saber; el fantasma, el falo, el lugar del Otro el significante de la falta del Otro; es decir, la articulación del deseo y otra posible interpretación.

Para concluir leer un caso implica interrogarse por la propia clínica y por la praxis de otros. A partir de allí, es posible comenzar a responder los cuestionamientos que la práctica analítica nos impone. Este libro se presenta como una respuesta abierta, ya que no creo que haya en la práctica clínica respuestas completas-cerradas a las preguntas que nos hacemos en los consultorios y a la soledad a la que a veces estamos convocados en la práctica analítica.

La clínica debe ser constantemente problematizada y pensada al interior de ella, no tan sólo con el estudio de textos teóricos, que son fundamentales e imprescindibles, sino con la revisión de los procesos clínicos, sabiendo que en sí mismo no hablamos de Ernst, Dick o Roberto sino de lo que de ellos se puede transmitir y sobre todo de lo que como analistas podemos leer y releer de cada proceso clínico.

La intención de este trabajo no fue cerrar la lectura de estos casos clínicos, sino abrirlos a la discusión. ¡Bueno pues! ya despegaron… que aterricen con la lectura de otros, si ese es el destino que les espera.

Bibliografía

EIDELSZTEIN, Alfredo.
El grafo del deseo. Argentina. Letra Viva. 2005.

FREUD, Sigmund.
A propósito de un caso de neurosis obsesiva:
El hombre de las ratas. Amorrortu editores. Argentina. 1989.

-----------------------*La interpretación de los sueños*.
Amorrortu editores. Argentina. 1989.

---------------------*Autobiografía*. Amorrortu editores.
Argentina. 1989.

----------------------*Más allá del principio del placer*.
Amorrortu editores. Argentina. 1989.

HARARI, Roberto.
El seminario de la angustia de Lacan: una introducción.
Amorrortu Editores. Argentina. 1993.

KLEIN, Melanie. Obras Completas. Paidós., Argentina. 1985.
LACAN, Jacques.

-----------------------Seminario 0 *El mito individual de neurótico*
(El hombre de las ratas). Poesía y verdad. 1953. Inédito,
versión de la Escuela Freudiana de Buenos Aires.

----------------------*Seminario 1*
Los escritos técnicos de Freud. Paidós. Argentina. 1981.

----------------------*Seminario 5*
Las formaciones del inconsciente. Paidós. Argentina.1999.

---------------------- *Las formaciones del inconsciente.*
Editorial Nueva Visión. Argentina. 1982.

----------------------*Seminario 7*
La Ética del psicoanálisis. Paidós. Argentina. 2003.

----------------------*Seminario 11*
Los cuatro conceptos fundamentales del psicoanálisis.
Paidós. Argentina. 1999.

----------------------*Seminario 6*
El deseo y su interpretación, traducción de la Escuela Freudiana de Buenos
Aires.

----------------------*Seminaire 6*
Le désir et son interprétation. Document interne de l'Association

Freudienne Internationale et destiné a ses membres.
France. 1994.
----------------------*Seminario 6*
El deseo y su interpretación. Paidós. Argentina, 2016.

---------------------- "Mi enseñanza",
Mi enseñanza. Paidós, Argentina, 2007.

----------------------"Función y campo de la palabra y el lenguaje",
Escritos. Siglo Veintiuno Editores. México. 1991

----------------------"La dirección de la cura y los principios de su poder",
Escritos. Siglo Veintiuno Editores. México. 1991

----------------------"Subversión del sujeto y dialéctica del deseo",
Escritos. Siglo Veintiuno Editores. México. 1991

----------------------"La significancia del falo",
Escritos. Siglo Veintiuno Editores. México. 1991.

MORALES, Helí. *Sujeto en el laberinto.*
Ediciones de La Noche. México. 2003.

SHARPE, Ella. "Analysis of a single dream".
Dream Analysis, 1937.

Entrevista realizada a Jacques Lacan por Madeleine Chapsal publicada
el 31 de mayo de 1957 en L´Express.

Anexo I
Traducción del Capítulo V análisis de un solo sueño del libro Análisis de sueños de Ella Sharpe[106]

I. Etapa del análisis al momento del sueño. 2. Comportamiento característico durante el análisis. 3. Material analítico desarrollado durante una hora y los comentarios de la analista. 4. Encuesta sobre este material, inferencias e interpretación dada al paciente. 5. Dos sesiones subsecuentes que revelan el progreso del análisis.

Este capítulo estará dedicado a la consideración de todo lo que dijo un paciente durante una hora en la cual relató un sueño. Presentaré un breve resumen de los eventos psicológicos de los dos análisis que siguieron a esta hora en particular y de la etapa del análisis que se desarrolló a partir de ahí, debido a que es la única manera en que podemos medir si nuestras interpretaciones están ayudando a que las actitudes emocionales reprimidas y suprimidas, las fantasías o los recuerdos afectivos tengan una comprensión consciente.

106   Esta traducción se hizo del texto en inglés que viene como anexo en el *Seminario 6 El deseo y su interpretación*, de la versión en francés. Al final del libro se presentan como anexo la versión en inglés. Agradezco a Claudia Fuentes y Héctor Esqueda su invaluable apoyo para hacer la traducción.

El sueño que seleccioné no es uno que muestra su significado con tanta facilidad como el del ejemplo que presenté de la mujer que estaba sometida a tensión con respecto al deseo de orinar. A partir de varias interpretaciones posibles tuve que decidir cuál seleccionar para poder enfocar la atención en ella.

Presentaré brevemente un aspecto especial de los problemas de este paciente con el fin de hacer comprensible la hora en la que yo hablé desde el punto de vista de la etapa alcanzada en el análisis. En un caso tan complejo como este el tema sería muy confuso si intentara explicarlo como un todo.

Esta es la etapa de mayor importancia. El padre del paciente murió cuando él tenía tres años. Él era el hijo más joven. Tiene recuerdos muy vagos sobre su padre, realmente sólo tiene uno en el que puede decir: "recuerdo esto". Su padre era muy respetado y amado, y el paciente sólo ha oído cosas buenas y admirables sobre él. Tan grande ha sido la represión de los problemas inconscientes asociados con su padre y con la muerte de su padre que durante casi tres años en análisis sus referencias a su padre fueron casi invariablemente que su padre estaba muerto. El énfasis siempre se ha puesto en "mi padre murió", "está muerto". Fue un momento sorprendente cuando un día pensó que su padre también había vivido y aún más sorprendente cuando pensó que debió haber oído hablar a su padre. Después de eso lentamente se presentó la posibilidad de comprender las vicisitudes de los primeros tres años de su vida y los cambios psicológicos que siguieron a la muerte de su padre. Al igual que los lazos psicológicos con su padre han sido enterrados por la represión en el inconsciente, la transferencia de dichos lazos hacia mí se ha mantenido inconsciente. Debido a que su padre está "muerto", hasta ahora en lo que respecta a la transferencia del padre yo también he estado "muerta". Él no tiene pensamientos sobre mí. Él no siente nada por mí. No puede creer en la teoría de la transferencia. Sólo cuando llega al final de un término, sólo cuando llegan los fines de semana, tiene un ligero indicio de ansiedad de algún tipo y sólo durante el último mes aproximadamente ha sido capaz de mantener, incluso intelectualmente, la idea de que su ansiedad tiene algo que ver conmigo o con el análisis. Persistentemente la ha atribuido a alguna causa real que siempre puede encontrar como responsable.

Creo que el análisis se puede comparar con un juego de ajedrez largamente empatado que continuará así hasta que yo deje de ser el padre vengador en su inconsciente que siempre trata de arrinconarlo, de ponerlo en jaque mate, después de lo cual no hay alternativa para la muerte. La salida a este dilema (pues nadie le ganará en la técnica de maniobrar debido a que su vida depende de ello fantásticamente) es sacar lentamente a la luz el deseo inconsciente de los primeros años de deshacerse de su padre, porque únicamente este deseo vivo de nuevo en la transferencia moderará su creencia omnipotente de que en realidad él mató a su padre. Debe ser probado de nuevo en la transferencia y todos sus instintos de preservación del ego están en contra de eso. Se trata de una preservación corporal contra la que él lucha fantásticamente, no en el presente ni siquiera para salvar su pene; su pene y su cuerpo son una cosa.

En un conjunto más complicado de problemas interrelacionados es difícil seleccionar un aspecto de un problema como algo independiente. Pensemos en este problema de preservación corporal según se ha desarrollado en la vida adulta del paciente. Cuando llegó el momento en que debía ejercer en la barra desarrolló fobias severas. En pocas palabras, esto no significó que no se atreviera a trabajar con éxito sino que en realidad tuvo que dejar de trabajar debido a que sería demasiado exitoso. Las palabras póstumas de su padre, repetidas al hijo pequeño, fueron: "Roberto debe tomar mi lugar", y para Roberto esto significó que crecer también significaba morir. También representó un refuerzo de la fantasía inconsciente de una madre-imago devoradora cuyo amor y cuidados sólo terminaron en la muerte de su padre.

La tarea del análisis es reducir el temor de los deseos agresivos experimentados durante sus primeros tres años. El terror del deseo agresivo y sus consecuencias fantásticas sólo serán modificados al traer este deseo al plano consciente, y sólo así los deseos de la libido dejarán de significar la muerte. Aún más, debido a que su ego corporal es el que debe ser preservado, el desarrollo psicológico sólo será por medio de las fantasías del cuerpo o de las funciones corporales. Con esto me refiero a que los problemas se relacionan con el cuerpo y el ego. El ego físico sólo puede ser delgado cuando sus actividades se orientan principalmente a defender el propio cuerpo de su extinción fantástica. Incluso su desarrollo intelectual se usa en el presente principalmente con propósitos defensivos. La adquisición de conocimiento es impulsada por una necesidad primordial. El problema de este paciente es corporal y mi tarea, si puedo completarla, es traducir sus discursos largamente razonados en un lenguaje corporal. El problema relacionado con su cuerpo actual es la represión de los sentimientos corporales. Él teme "sentir". Todos sus esfuerzos organizados han producido un control maravilloso de los músculos y del movimiento, un control tan establecido que aparece como natural e inevitable, y de la misma forma su habla exhibe la misma disciplina por su terminado y su dicción. Su vitalidad se ha perdido, la perfección es una perfección muerta, igual que la de su padre. Por lo tanto, una cosa que nunca pierdo de vista en este análisis es la oportunidad de analizar las abstracciones en términos de sucesos corporales. La segunda cosa es que no me concentro en el problema principal de su vida adulta, concretamente: ¿por qué no puede trabajar? ¿Cuándo va a trabajar?, sino en todas esas cosas que realmente puede hacer, como jugar tenis y golf, dibujar, pintar y cuidar el jardín. Porque si sus inhibiciones y dificultades con respecto a esto son resueltas cuando las fantasías que revelan puedan ser exploradas, entonces darán lugar a la habilidad de trabajar profesionalmente. Él llama a estas búsquedas "sólo un juego". Cuando realmente sean "sólo un juego", el trabajo dejará de ser peligroso, pues el trabajo feliz se basa en el juego feliz.

El día que el paciente me relató el sueño que seleccioné para este capítulo no lo oí subir las escaleras. Nunca lo hago. Hay alfombra en las escaleras, pero esa no es la razón. Un paciente sube dos escalones a la vez y oigo el golpeteo adicional; otro se apresura y detecto su prisa; otro se asegura de pegar con el maletín, la sombrilla o el puño en el barandal. Dos de cada tres veces un paciente se suena la nariz como una trompeta. Uno llega con sombrero, sombrilla y maletín. Es necesario colocarlos en alguna parte. Un paciente los avienta sobre el primer mueble disponible. Otro selecciona cuidadosamente un lugar y pone sus cosas. Un paciente se arroja sobre el sofá. Otro camina hasta el extremo más alejado del sofá antes de acostarse. Un paciente duda y voltea por toda la habitación antes de poder acomodarse en el sofá. Uno se queda quieto en el sofá y después se mueve cuando se cansa de la posición. Otro se moverá en un principio y se acomodará y quedará quieto en la medida en que la hora avance.

Pero nunca oigo a este paciente en las escaleras. Nunca trae su sombrero, su abrigo ni su sombrilla con él. Nunca cambia. Siempre se sienta en el sofá de una forma. Siempre ofrece un saludo convencional con la misma sonrisa, una sonrisa agradable, no forzada ni cubriendo manifiestamente impulsos hostiles. Nunca hay nada tan revelador. No hay demostraciones de prisa, nada le molesta, su ropa nunca está arrugada; no hay marcas de un baño rápido; ni un cabello está fuera de su lugar. La sirvienta pudo haber llegado tarde, su desayuno pudo retrasarse, pero si tengo suerte podría enterarme de eso antes de que se acabe su hora y con frecuencia sólo oigo sobre esas cosas hasta el día siguiente. Él se recuesta y se pone cómodo. Pone una mano sobre la otra encima de su pecho. Se queda así hasta que la hora termina. Para mi alivio, últimamente se ha podido rascar la nariz o el oído cuando ha sentido una irritación y hace unas semanas incluso tuvo una sensación en los genitales. Habla durante toda la hora, claramente, con fluidez, con buena dicción, sin dudar y con muchas pausas. Habla con una voz distintiva y pareja que expresa pensamientos pero nunca sensaciones.

Ya dije que nunca lo oigo en las escaleras, pero durante algunos días antes de esta hora, antes de que entrara a la habitación pude notar unas toses muy pequeñas y discretas. Por la escasez de manifestaciones inconscientes de manera corporal podrán juzgar que cuando mi oído captó esa pequeña tos discreta sentí una gran alegría. No hice caso esperando que se volviera más fuerte. Atraer la atención de un paciente a una manifestación significa detenerla. Su meta principal es no traicionarse y controlar cualquier cosa que lo delate. A eso se le añade el hecho de que él capta de inmediato cualquier manifestación inconsciente y frustra cualquier espontaneidad.

Así que después de los buenos días dijo para mi decepción, en su acostumbrada voz pareja y deliberada: «He estado pensando en esa pequeña tos que tuve antes de entrar a la habitación. Los últimos días en que he tosido he estado consciente de hacerlo, no sé si usted lo ha notado. Hoy, cuando la criada me dijo que subiera me decidí a no toser. Sin embargo, para mi molestia, me di cuenta de que había tosido en cuanto acabé de hacerlo. Es muy molesto hacer una cosa así, es muy molesto que a veces algo te pasa y no puedes controlarlo o no lo controlas. Uno pensaría que eso tiene un propósito, pero es difícil pensar en un posible propósito que pudiera tener una pequeña tos de esa descripción.»

(Analista). ¿Cuál propósito podría tener?

(Paciente). Bueno, es el tipo de cosas que alguien haría si entrara a una habitación en donde dos amantes están juntos. Si uno se aproximara a un lugar así podría toser ligeramente para avisarles que serán interrumpidos. Yo hice eso cuando, por ejemplo, era un muchacho de quince años y mi hermano estaba con una muchacha en la sala de dibujo, entonces yo tosía antes de entrar para que si estaban abrazándose dejaran de hacerlo antes de que yo entrara. Así no se sentirían tan avergonzados como si los hubiera atrapado haciéndolo.

(Analista). ¿Y por qué toser antes de entrar aquí?

(Paciente). Es absurdo, porque naturalmente no se me hubiera pedido que subiera de haber habido alguien aquí, y no pienso en usted de esa forma en absoluto. No existe ninguna necesidad de toser. Sin embargo, me ha recordado una fantasía que tuve de estar en una habitación en donde no debería estar, y pensar que alguien podría pensar que yo estaba ahí, e imaginé que para evitar que alguien llegara y me encontrara ahí ladraría como perro. Eso disfrazaría mi presencia. Ese "alguien" diría: "Oh, ahí sólo hay un perro".

(Analista.) ¿Un perro?

(Paciente.) Eso me recuerda a un perro que se restregaba contra mi pierna, en realidad se masturbaba. Me apena contárselo porque no lo detuve. Lo dejé seguir y alguien pudo haber entrado. (Después el paciente tosió.)

No sé por qué ahora pienso en el sueño que tuve anoche. Fue un sueño tremendo. Duró una eternidad. Me tomaría el resto de la hora relatarlo completo. Pero no se preocupe; no la aburriré contando todo por la simple razón de que no lo recuerdo. Pero fue un sueño emocionante, lleno de incidentes, lleno de interés. Me desperté acalorado y sudando. Debe haber sido el sueño más largo que haya tenido. *Estaba viajando con mi esposa alrededor del mundo y llegamos a Checoslovaquia en donde sucedía todo tipo de cosas. Conocí a una mujer en un camino, un camino que ahora me recuerda al camino que le describí en los dos últimos sueños recientes en los cuales mantenía juegos sexuales con una mujer frente a otra mujer. Así sucedió en este sueño. Esta vez mi esposa estaba ahí mientras ocurría el evento sexual. La mujer que conocí tenía una apariencia muy apasionada* y me recordó a una mujer que vi en un restaurante ayer. Ella era oscura y tenía los labios carnosos, muy rojos y con una apariencia apasionada, y era obvio que si yo la hubiera animado ella habría respondido. Creo que ella debe haber estimulado el sueño. En el sueño *la mujer quería tener relaciones sexuales conmigo y tomó la iniciativa que como usted sabe es algo que me ayuda mucho.* Si la mujer hace eso es de gran ayuda para mí. En el sueño *la mujer en realidad se acostó sobre mí; eso lo acabo de recordar. Era evidente que ella quería poner mi pene en su cuerpo. Puedo afirmar eso por las maniobras que hacía. Yo no estaba de acuerdo con eso, pero ella estaba tan decepcionada que pensé que la masturbaría.* Se oye muy mal usar ese verbo de manera transitiva. Uno puede decir: "Me masturbé" y es correcto, pero no es correcto usar la palabra de manera transitiva.

(Analista). ¿Usar el *verbo* de manera transitiva "está muy mal"?

(Paciente). Veo a lo que se refiere. Es cierto que yo sólo me he masturbado a mí mismo.

(Analista). ¿Sólo?

(Paciente). Sólo recuerdo que masturbé a otro niño una vez y olvidé todos los detalles y me da pena mencionarlo. Es la única vez que recuerdo. El sueño está vívido en mi mente. No hubo orgasmo. Recuerdo que su vagina atrapó mi dedo. Veo el frente de sus genitales, el final de la vulva. Algo largo y que se proyecta cuelga hacia abajo como un doblez en una capota. Era como una capota y era eso lo que la mujer usaba para maniobrar y atrapar mi pene. La vagina parecía cerrarse alrededor de mi dedo. La capota parecía extraña.

(Analista). ¿Qué más piensa de...? Deje que la apariencia de eso aparezca en su mente.

(Paciente). Pienso en una cueva. Cuando era niño había una cueva a un lado de la colina en donde vivía. Iba ahí con frecuencia con mi madre. Se puede ver desde del camino por donde uno pasa. Su característica más notable es que su parte superior está colgando y tiene una apariencia muy similar a la de un labio enorme. De niño pensaba que era como el labio de un monstruo. De pronto pienso que *labios vulvares* significa labios. Hay un chiste acerca de unos labios que corren vertical y no longitudinalmente, pero no recuerdo cómo era ese chiste, alguna comparación entre la escritura china y la nuestra, empezando por extremos diferentes, o desde abajo hacia arriba. Claro que los labios van de un lado al otro, y las paredes de la vagina están atrás y adelante, es decir, una longitudinal y la otra cruzada. Aún pienso en la capota.

(Analista). ¿Sí, cómo?

(Paciente). Un hombre divertido en uno de los primeros campos de golf que recuerdo. Dijo que podía conseguirme una bolsa de golf barata y que el material sería de "tela para capota de motor". Lo que recuerdo es su acento. Nunca lo olvidaré. (Lo imita). Imitarlo así me recuerda a una amiga que hace imitaciones por radio que son muy inteligentes, pero a decir verdad suena a "fanfarroneo", tan presumido como hablarle del maravilloso radio que tengo. Capta todas las estaciones sin dificultad.

Mi amiga tiene una memoria espléndida. Ella también recuerda su niñez, pero la mía es muy mala antes de los once años. Sin embargo, recuerdo una de las primeras canciones que oímos en el teatro y después ella imitó al hombre. Era: "¿Dónde conseguiste ese sombrero, en dónde conseguiste ese mosaico?" Mi mente ha regresado otra vez a la capota y recuerdo el primer auto en el que estuve, aunque claro, cuando eran nuevos se les llamaba motores. Recuerdo su capota, otra vez "capota de motor", como puede ver. ¡Bueno! La capota de este motor era una de sus características más obvias. Se podía amarrar hacia atrás con unas correas cuando no estaba en uso. El interior estaba revestido de color escarlata. La velocidad máxima de ese automóvil era de sesenta, lo máximo que se considera bueno para la vida de un automóvil. Es extraño cómo uno habla de la vida de un automóvil como si fuera humano. Recuerdo que me sentí mal en ese auto y eso me recuerda a una ocasión en que tuve que orinar en una bolsa de papel cuando viajaba en un tren siendo niño. Aún sigo pensando en la capota.

(Analista). ¿Dice que unas correas la mantenían amarrada hacia atrás?

(Paciente). Sí, claro, eso me hace pensar en cómo acostumbraba coleccionar correas de piel, en cómo acostumbraba cortar correas de piel. Creía que quería las correas para hacer algo útil pero sospecho que era algo innecesario. Me desagrada pensar que era una compulsión; por eso me molesta la tos. Supongo que corté las sandalias de mi hermana de la misma forma. Sólo tengo un recuerdo muy vago de haberlo hecho. No sé por qué ni para qué quería la piel cuando lo hice.

Pero de pronto pensé en las correas con las que detienen a los niños en sus carriolas y de inmediato quise decir que en nuestra familia no había "carriolas", y después pensé que era tonto, que debes haber tenido una "carriola". No puedo recordarlo como no puedo recordar haber visto a mi padre en su silla de ruedas cuando lo transportaban, aunque tengo un vago recuerdo de haber visto la silla.

De pronto recordé que quería enviar cartas de admisión a dos miembros al Club. Yo presumo de ser un mejor secretario que el anterior pero aquí estoy olvidando darles permiso a las personas para entrar al Club. "Bueno, hemos deshecho esas cosas que deberíamos haber hecho y no hay nada bueno en nosotros".

(Analista). ¿Deshecho?

(Paciente). Bueno, iba a decir que esa frase me hizo pensar en los "botones de la braqueta", los cuales nunca dejo sin abotonar, nunca los olvido, pero para mi asombro la semana pasada mi esposa notó que lo había hecho. Fue durante la cena y los abotoné subrepticiamente debajo de la mesa. Y ahora recuerdo un sueño en el cual usted recordaba a un hombre que me decía que me abotonara los botones de mi abrigo. Esto me vuelve a recordar a las correas y cómo de niño me tenían que amarrar a la cama durante la noche pues de lo contrario me caía. Supongo que también me amarraban a la carriola.

Ahora revisaré los temas recurrentes de los pensamientos latentes en el orden en el que aparecieron.

1. La tos.

2. Las ideas relacionadas con el propósito de una tos.

(a) Dan lugar a pensamientos sobre amantes que están juntos.

(b) Rechazo de una fantasía sexual relacionada con la analista.

(c) Fantasía de estar en donde no debería estar y ladrar como un perro para que la gente no sepa que está ahí.

(d) El perro volvió a presentar el recuerdo de masturbar a un perro.

En este punto él tosió (comparación con el ladrido) y de pronto recordó el sueño.

3. El siguiente tema fue el sueño. En el relato de éste se presentó la imagen vívida de una mujer real que vio con *(a)* labios carnosos, *(b)* la vulva de la mujer del sueño con una proyección como una capota que usaba en alguna maniobra para atrapar su pene. Esto ocurrió en un camino asociado en su mente con dos sueños en los cuales él mantenía juegos sexuales con una mujer en presencia de otra.

Durante el relato cuando hablaba del juego sexual en el sueño se quejó del uso del verbo "masturbar" de manera transitiva; "no parece correcto".

4. El siguiente tema fue el de la capota; eso lo llevó a recordar la cueva y el techo sobresaliente de la cueva que parecía un labio.

5. Después pasó de *labios vulvares* y de labios a ideas de cosas que son transversales y longitudinales, y a una broma que no pudo recordar. Volvió a pensar en "capota".

6. El siguiente tema llegó a través de la capota con el material de una capota de automóvil que recordó debido al acento de un hombre. Él mismo imitó el acento.

7. Esto lo llevó a hablar de las inteligentes imitaciones de su amiga y de una en particular sobre un hombre. Él despreció su "fanfarronada" al presumir a su amiga al igual que despreció presumir su maravilloso radio. La memoria de ella y la *mala memoria* de él (ahora recuerda).

8. Regresó otra vez a "capota" y recordó el primer automóvil al que se subió. Tenía una capota forrada de color escarlata que se amarraba con correas. Él se sintió mal en el auto y después recordó que siendo niño orinó en el tren.

9. La "capota" con correas le recordó un periodo de su niñez cuando cortaba correas de piel de manera compulsiva y en una ocasión hizo lo mismo con las sandalias de su hermana.

10. Las correas lo hicieron pensar en los niños que van amarrados en sus carriolas. Infirió que debió haber tenido una carriola. Había dos niños más grandes que él.

11. Recordó que no había enviado boletos admitiendo a los nuevos miembros al Club. No había hecho cosas que debería haber hecho.

12. Dejó sin abotonar los botones de su bragueta.

13. El sueño en el cual le dicen que "se abotone".

14. Después regresó a las correas y recordó que le decían que lo amarraban a la cama pues de lo contrario se caía, y supuso que también lo amarraban a su carriola.

La primera cosa importante es encontrar la clave cardinal para el significado del sueño. Podemos hacerlo al notar justo el momento en que se presenta en la mente del paciente. Él había estado hablando sobre el incidente del perro masturbándose en su pierna. Un momento antes había estado hablando sobre que él mismo podría imitar a un perro, es decir, se identificó con un perro. Después tosió. Después recordó el sueño, un sueño largo y emocionante del cual se despertó acalorado y sudando. La deducción relacionada con el significado de todo el sueño es que se trata de una fantasía sobre masturbación. Eso es de primordial importancia. Lo siguiente que se debe hacer notar en conexión con esta fantasía de masturbación es el tema de la potencia. Él viaja por todo el mundo. Es el sueño más largo que ha tenido. Se llevó casi toda la hora para relatarlo. Relacionemos eso con su menosprecio de la "fanfarronería" relacionada con presumir las imitaciones de su amiga que son transmitidas por radio a todo el mundo y de su propio radio que capta todas las estaciones. Notemos su propia imitación del hombre cuyo acento lo atrajo, un fuerte acento coloquial, e incidentalmente él dijo con relación a ese hombre "que alguna vez había sido carnicero".

Aquí la imitación, ya sea a través de una amiga o de sí mismo, tiene la importancia de imitar a una persona más fuerte o más conocida. De nuevo esto nos da una pista sobre el significado de la fantasía de la masturbación, es decir, una fantasía en la cual él se hace pasar por otra persona, una que tiene gran poder y potencia.

La siguiente pregunta que surge es: ¿por qué esa fantasía de poder extremo? La respuesta se presenta en el sueño. Él viaja alrededor del mundo. Yo compararía esta idea con el recuerdo real que se le presentó cuando estaba describiendo la capota en el sueño que era tan raro, pues sacó a la luz no sólo el hecho de que estaba describiendo una proyección, una capota doblada, sino que la capota también colgaba como un labio en una cueva. Así que tenemos directamente la capota y los labios de la vulva comparados con la gran cueva en la montaña a la que él fue con su madre. Por lo tanto, la fantasía de la masturbación está asociada con una inmensa potencia debido a que él está soñando con abrazar a la madre tierra, de ser adecuado para la enorme cueva debajo de los labios sobresalientes. Esa es la segunda cosa de importancia.

Después yo llamaría su atención hacia las asociaciones relacionadas con labios y labios vulvares. La mujer que fue un estímulo para el sueño tenía unos labios carnosos, rojos y apasionados. En el sueño él tuvo una imagen vívida de los labios y de la capota. La cueva tenía un techo colgante. Él piensa en cosas longitudinales como los labios vulvares y después en cosas cruzadas, en donde yo sugeriría la boca comparada con la vulva.

Más aún, él piensa en el primer automóvil al que se subió, en la capota que tenía y en las vestiduras color escarlata de ese automóvil. Inmediatamente después piensa en la velocidad del automóvil y dice: "el máximo de velocidad" era de tantas millas por hora y después habla de "la vida del automóvil" y nota que habla del automóvil como si fuera un humano.

Partiendo del hecho de la imagen de la vulva y de la capota en el sueño, con la riqueza de otras asociaciones que la dan a la imagen de "interior rojo" y de los labios y del techo que se proyectan, yo debo deducir que el recuerdo de la cueva real que visitó con su madre también actúa como un recuerdo que encubre. Debo deducir que se proyecta en el automóvil con su capota revestida de color escarlata en este mismo recuerdo olvidado y que el máximo de velocidad tiene la misma importancia que la proyección en los genitales en el sueño: es el punto más alto de la capota. Infiero que existe un recuerdo real reprimido de ver los genitales de alguien de mucho más edad que él; o que vio eso cuando era muy pequeño e infiero esto a partir del automóvil y de la cueva y de viajar por todo el mundo junto con la inmensa potencia requerida. La velocidad, la capota, los interpreto como el clítoris. La hermana del paciente es ocho años mayor que él. Considerando las referencias hechas a la voz de su amiga, es decir, al sonido, el acento y el sonido de una voz masculina, y considerando que su referencia hacia ella está conectada con una imitación masculina, deduzco que por lo menos cuando era muy pequeño vio los genitales de ella, notó el clítoris y la oyó orinar. Pero considerando todo el trabajo que hemos hecho en el análisis hasta ahora creo que además existió alguna situación cuando era bebé en la cual tuvo una oportunidad definitiva de ver los genitales de su madre. Con esto me refiero a alguna situación como la que podría ocurrir cuando un niño es acostado sobre una manta en el piso. Es la única explicación que tengo hasta la fecha para comprender la importancia especial de ciertas orientaciones de la luz que este paciente prefiere al tomar fotografías, sobre todo la iluminación desde abajo. Otra clave que tengo para la mujer del sueño es que ella es de piel oscura. Su selección de mujeres ha sido de las de tipo rubio y de cabello dorado. En una ocasión anterior me dijo que su madre tenía el cabello oscuro y que siempre había relacionado la pasión en las mujeres con el cabello oscuro.

El siguiente aspecto importante es la evidencia presentada por la masturbación siendo niño. Tenemos el recuerdo del sueño en donde le dicen que se abotone la bragueta y el hecho de que ese sueño es recordado junto con el recuerdo de ser amarrado a la cama. Él dice que eso era para evitar que se cayera de la cama. En conexión con esto relaciono el material de otros análisis en los cuales me dijo que lo amarraban a la cama debido a que era "muy inquieto" y también a que en ocasiones ha señalado que no puede pensar en nada más enfurecedor que un niño al que se le limita el movimiento, que se le restringe de alguna manera, pero no sabía por qué se sentía tan seguro sobre esto ya que nunca recordaba ninguna ocasión en la que no se le hubiera permitido el movimiento. A partir de estas referencias a "correas" y a "estar amarrado en la cama", podemos deducir justificadamente alguna restricción en sus movimientos durante su niñez conectada con la masturbación, y que esta primera masturbación fue en su contenido de fantasía de la misma naturaleza que la actual: soñar despierto.

Ahora podemos proceder con más detalles. Tenemos dos referencias a la compulsión. La primera está conectada con la "pequeña" tos que él, a pesar de sus esfuerzos, emite involuntariamente, un hecho que le resulta extremadamente desagradable. La otra es la referencia a la compulsión durante su niñez de cortar correas y a cortar las sandalias de su hermana. Muy a regañadientes ha admitido que esos cortes los hacía de manera compulsiva. El punto que se debe hacer notar en referencia a esta agresividad compulsiva es la secuencia en la cual ocurre, es decir, correas, correas de una carriola, rechazo a pensar que había una carriola, después el pensamiento de que debe haber existido una carriola, después de que debe haber habido otros niños antes que él, y por último en ese punto él recordó que había olvidado enviar los boletos de dos de los miembros nuevos del Club. Esta secuencia nos da el derecho de interpretar su dificultad para recordar que hubo una carriola que él debió haber tenido y dice: "hubo otros niños", lo cual se debido a que él no quería que su madre tuviera otros hijos después de él, y que su agresión temprana que exhibió al "cortar" fue una agresión definitiva hacia los posibles rivales odiados. La manifestación actual de esto es olvidar el envío de boletos para admitir a miembros nuevos. La fantasía de la niñez quiere cortarlos.

Aún podemos hacer más inferencias. De inmediato él mencionó el hecho de que había olvidado enviar esos boletos de admisión y dijo: "No hemos hecho esas cosas que deberíamos haber hecho" y recordó el hecho de que recientemente le había sucedido algo muy inusual: descubrió que los botones de su bragueta estaban desabotonados. El deseo inconsciente de exhibir su pene está implícito en este "olvido", pero tomado dentro de la secuencia de referencias, primero la agresividad con los cortes, después la falta en el envío de los boletos, el pene es asociado inconscientemente con fantasías de agresión. Creo que esto está justificado en virtud de análisis anteriores que vinculan las fantasías agresivas conectadas con el pene, no sólo con la masturbación, sino con mojar la cama debido a que la inquietud mencionada que provocó que lo ataran a la cama también ha sido mencionada en ocasiones anteriores en conexión con mojar la cama. Notarán que con esta referencia a dejar desabotonados los botones de su bragueta él recordó un sueño en donde una figura paterna lo exhortaba a abotonarse los botones.

Esto me lleva a hacer una inferencia más. Hablando de la tos, su primer pensamiento fue el de advertir a dos amantes de que se aproximaba. Recordó que le advirtió de esa forma a su hermano y a su novia cuando estaban juntos. Uno sabe lo que esa advertencia provocará antes de que el hermano más joven entre a la habitación. Los amantes se separarán un poco. Por medio de su tos los habrá separado. Para usar sus palabras: "Así no se sentirán avergonzados por mi intromisión". De nuevo estoy justificada en mi conjetura de que esta extrema solicitud es por no avergonzar. Hace algún tiempo asistió a una función en la que el Rey y la Reina iban a estar presentes. Él llegó al pueblo en su automóvil. Desarrolló una ansiedad por eso y durante algún tiempo no quedó claro cuál fue la fantasía específica que la provocó. Resultó ser ésta: "Supongamos que como no sabía exactamente en donde estacionaría el automóvil, supongamos que justo en el momento en que el Rey y la Reina estuvieran llegando él bloqueaba el camino con su automóvil y no lo podía mover, así que complicaba el avance de la pareja real: una situación realmente embarazosa.

Así que en la tos discreta antes de entrar a la habitación tenemos la pálida representación atenuada de una situación infantil en la cual el dificulta el avance de la pareja real, no por discreción, no por inmovilidad, sino por un movimiento repentino de sus intestinos, o por llorar, lo cual podemos inferir que fue efectivo en su propósito.

Con respecto a un detalle específico en el sueño, expresamente la proyección en la cual cree que la mujer está maniobrando para sujetar su pene, tenemos la justificación de hacer una interpretación aventurada como esta: que a la luz de las fantasías agresivas que se han evidenciado, los genitales femeninos serán agresivos para él. Notemos los lugares peligrosos: (I) la proyección que es equivalente a un pene, (2) la vagina. Él no confiará su pene a la vagina, él pondrá un dedo. Más aún, la boca y la vagina han sido igualadas a través de la asociación de "labios colgantes "y en la referencia a las aperturas longitudinales y cruzadas; por lo tanto tenemos aquí la fantasía de que la vagina es como la boca con dientes.

Interpretar más que esto sería adivinar. Las interpretaciones que he ofrecido surgen directamente del material proporcionado en la hora ya sea por asociación directa o por notar la configuración de los pensamientos en secuencias, o por la conexión de las asociaciones proporcionadas en esta hora con las que se proporcionaron en otra.

Este es el intento de obtener el significado completo de todo lo que se dijo.

No interpreté para el paciente como lo he hecho aquí. Tuve que seleccionar del todo lo que era la cosa más importante que ayudará a sacar el material reprimido hacia su conciencia. En la selección fui guiado por la necesidad del paciente, es decir, por su miedo a los movimientos corporales agresivos. Lo primero que seleccioné fue la tos. La seleccioné porque era la manifestación de transferencia directa de una naturaleza compulsiva realizada durante la hora que de alguna manera podía establecer un vínculo con los actos compulsivos agresivos reprimidos de la niñez.

Me referí al hecho de que él usó dos veces la palabra "pequeña" para describir su tos y dijo que al usar esa palabra estaba subestimando una fantasía conectada con la tos. Después me referí específicamente al sueño y señalé la manera en que el sueño como un todo indicaba poder inmenso, gran potencia.

Después dirigí su atención al propósito de la tos en la referencia directa a separar a los amantes y dije que una fantasía de ese tipo debe estar asociada inconscientemente conmigo. Él había dicho que no me aburriría con una historia muy larga. Después se refirió al incidente del "Rey y la Reina" y supuse que la fantasía omnipotente tenía sus raíces en su infancia más temprana en donde él habría podido detener o interrumpir a sus padres.

Después de esto correlacioné las asociaciones hechas con la agresión y deduje que él había deseado evitar que nacieran más niños; debido a que no nacieron más niños después de él su fantasía agresiva de omnipotencia se vio reforzada por este hecho, y por lo tanto aumentó el temor por su madre como una persona vengadora. Después afirmé mi convicción de que él vio los genitales de su madre y la proyección sobre ellos de las fantasías de venganza que deben ser correlacionadas con las fantasías de agresión asociadas con su propio pene como una cosa que muerde y perfora, y con el poder de su agua. Todo lo que he dicho es el significado de la masturbación que representó el sueño.

Ahora indicaré muy brevemente cuáles fueron las características sobresalientes de las dos horas siguientes del análisis.

Al día siguiente el paciente dijo que no había tosido al subir las escaleras pero que había tenido un ligero cólico. Esto lo llevó a pensar en sus ataques de diarrea en la niñez y a que junto con ese cólico con frecuencia se presentan flatulencias explosivas. "Me pregunto", dijo, "si la tos realmente significa viento y diarrea". Le contesté: "Ahora usted mismo ha encontrado su significado". Durante esta hora él estuvo ocupado con el problema de su dificultad con el tenis para colocar un tiro que le permita arrinconar a su oponente.

Al día siguiente me informó que había sentido un cólico al salir de casa el día anterior. Después procedió a decirme que no había podido usar su auto debido a que no habían terminado ciertas reparaciones. El hombre del taller era muy bueno, muy amable; era imposible enojarse con él. Pero aun así a él le gustaría tener su automóvil. No es que el automóvil fuera un imperativo para él en ese momento; no era una necesidad, pero él lo quería, a él le gustaba.

En este punto saqué una comparación entre el amable hombre del garaje con quien él no podía enojarse y su padre. Esto, según dijo el paciente, expresaba exactamente sus sentimientos acerca de sus recuerdos de su padre. Entonces por fin pude enfrentar sus deseos de la libido: "no es que el auto fuera una necesidad, pero él lo quería". Tuve que esperar mucho tiempo para hacer esta interpretación. Al fin aquí se expresó el deseo de la libido. Al día siguiente el paciente tenía una confesión. Por primera vez desde que era un niño pequeño había mojado la cama estando dormido.

Por lo tanto, en estas tres horas de análisis las manifestaciones corporales por orden fueron la tos, los cólicos y el hecho de mojar la cama. Con esta última hicimos un verdadero contacto por primera vez con la situación de rivalidad contra su padre en su infancia.

En esta hora pude hablar convincentemente de la transferencia del padre según se evidenció en el análisis y de las fantasías de un rival agresivo hacia él que en la infancia se expresaban de maneras corporales.

En un momento perdí la oportunidad de pedirle más información, una omisión obvia, aunque con este paciente no interrumpo más de lo necesario para el progreso. Me refiero al elemento en el sueño de "Checoslovaquia".

Finalmente entenderán por qué hablé tan poco, por qué interpolé algunas preguntas y la mayoría las hice con monosílabos. La razón de esto se presenta en su sueño y en su comentario: "La mujer tomó la iniciativa. Si la mujer toma la iniciativa eso es de gran ayuda para mí", lo cual significa que su problema de agresión infantil es archivado de nuevo. Para ayudar a este paciente en ocasiones de este tipo debo dejarlo que tome la iniciativa todo lo que sea posible.

Dos sueños en que aparece definitivamente la figura del padre se presentaron después del que mencioné. En la cancha de tenis un día de la semana que siguió a esta hora de análisis un oponente que lo venció empezó a molestarlo acerca de su mal juego. Mi paciente tomó el cuello del vencedor, lo apretó juguetonamente y le advirtió que nunca lo volviera a molestar. Es la primera vez desde que era adolescente que ha podido tocar a un hombre de manera juguetona, mucho menos hacer una demostración de su fuerza física.

Anexo 2
Chapter V Analysis of a single dream
Ella Freeman Sharpe[1]

1. Phase of analysis at time of dream. 2. Characteristic behaviour in analysis. 3. Analytical material given during one hour and the analyst's comments. 4. Survey of this material, inferences and interpretation given to the patient. 5. Two subsequent sessions revealing the progress of the analysis.

This chapter will be devoted to the consideration of all that was said by a patient during an hour in which a dream was related. I shall give a brief summary of the significant psychical events of the two analyses that followed this particular hour and the phase of analysis that developed from it, because only so can one gauge whether one's interpretations are helping to bring the repressed and suppressed emotional attitudes, phantasies or affective memories to conscious understanding.

The dream I have selected is not one that yielded up its significance as easily as did the example I gave of the woman who was in stress concerning micturition. Out of many possible interpretations I had to

1   Dream Analysis. A Practical Handbook for Psycho-Analysts (1937). London, 1978. The Hogarth Press and the Institute of Psycho-analysis.

decide I which I would select in order to focus attention upon them.

I am going to give one special aspect of this patient's problems very shortly in order to make the hour I speak of intelligible from the point of view of the stage the analysis had reached. In a case as complex as this one is I should confuse the issue by attempting to give you any account of it as a whole.

This is the phase at the moment of paramount importance. The patient's father died when he was three years of age. He was the youngest child. He has the dimmest of memories about his father, really only one of which he can fully say «I remember this.» His father was much revered and beloved and the patient bas only heard good and admirable things reported of him. So, great had been the repression of unconscious problems associated with his father and his father's death that for nearly three years in analysis his references to his father were almost invariably to the fact that his father was dead. The emphasis has always been on «my father died,» «is dead.» It was a startling moment when one day lie thought that his father had also lived, and still more startling when lie thought that he must have heard his father speak. After that very slowly came the possibility of understanding the vicissitudes of the first three years of his life and the psychological changes that ensued on his father's death. Just as the psychical ties to his father have been bound by repression in the unconscious so the transference of those on to myself have remained unconscious. As his father has been «dead,» so as far as the father transference has been concerned I have been «dead» too. He has no thoughts about me. He feels nothing about me. He cannot believe in the theory of transference. Only when he finishes at the end of a term, only when the week-ends come round, does he have a dim stirring of anxiety of some kind and only for the last month or so has he been able to entertain, even intellectually, the idea that this anxiety bas anything to do with me or the analysis. He has persistently attributed it to some real cause lie can always find to account for it.

I think the analysis might be compared to a long-drawn-out game of chess and that it will continue to be so until I cease to be the unconscious avenging father who is bent on cornering him, checkmating him, after which there is no alternative to death. The way out of this dilemma (for no one will surpass him in the technique of manoeuvre since phantastically his life depends on it) is to bring slowly to light his unconscious wish of the first years to get rid of his father, for only this wish alive again in the transference will ever moderate his omnipotent belief that lie killed his father in reality. It has to be tested again in the tranference and against this all his ego-preservative instincts are enlisted. It is a bodily preservation for which lie is phantastically struggling, not at the present even to save his penis; his penis and his body are one thing.

It is difficult in a most complicated set of interwoven problems to select one aspect of even one problem as a separate thing. Think of this problem of bodily preservation as it worked out in the patient's adult life. When the time came for him to practise at the bar lie developed severe phobias. Put briefly this meant not that he dare not work successfully but that lie must stop working in reality because lie would be only too successfill. His father's dying words, repeated to the little son, were: "Robert must take my place," and for Robert this meant that to grow up was also to die. It also meant a re-enforcement of the unconscious phantasy of a devouring mother-imago whose love and care only ended in his father's death.

The task of analysis is to reduce the fear of the aggressive wishes experienced in his first three years. The terror of the aggressive wish and its phantastic consequences will be modified only by bringing this wish to consciousness, and only so will the libidinal wishes not continue to mean death. Moreover, since it is his body-ego that bas to be preserved it will only be through or by phantasies of the body and the bodily functions that psychical development will be possible. I mean by this that the problems concern the body-ego. The psychicalego can only be thin when its activities are engaged extensively to defend the body itself from phantastic extinction. Even his intellectual development is used at present mainly for defensive purposes. The acquirement of knowledge is driven by one main need. The problem of this patient is a bodily one and my task if I can accomplish it is to translate his long reasoned discourses into a bodily language. The problem concerning his actual body is that of repression of bodily feeling. He. dreads «feeling». All his organized efforts have produced a marvellous control of muscle and movement, a control so established as to appear natural and inevitable, and his speech in the same way exhibits by its finish and diction the same discipline. The vital life is lost, the perfection is a dead perfection, even as his father's. One thing I never lose sight of in this analysis is, therefore, the chance of analysing abstractions into terms of bodily happenings. The second thing is that I do not concentrate on the major problem of his adult life, namely why cannot he work? when will he work ? but on all these things that he can actually do, such as play tennis and golf, draw, paint and garden. For if his inhibitions and difficulties about these are resolved when the phantasies they reveal can be explored then they will lead on to an ability to work professionally. He calls these pursuits "only play". When they are really "only play" work will no longer be dangerous, for happy work is based on happy play.

On the day when the patient related to me the dream I have selected for this chapter I did not hear him coming upstairs. I never do. There is a carpet on the stairs, but that is not the reason. One patient comes up two stairs at a tirne and I hear just the extra thud; another hurries and I detect the hustle; another is sure to knock a suitcase or umbrella or fist on the banisters. One patient two out of three times blows his pose like a trumpet. One brings in bat, umbrella and suit-case. They have to be disposed of somewhere. One patient bangs them down on the first piece of furniture available. One carefully selects a place and puts his things down. One patient flings himself on the couch. One walks round to the farther side of the couch before lying down. One patient hesitates and looks round at the room before trusting himself on the couch at all. One lies still on the couch and then moves about when tired of one position. Another will roll about from the first moment and become comfortable and still as the hour proceeds.

But I never hear this patient on the stairs. He never brings his hat or coat or umbrella with him. He never varies. He always gets on the couch one way. He always gives a conventional greeting with the same smile, a pleasant smile, not forced or manifestly covering hostile impulses. There is never anything as revealing as that would be. There is no sign of hurry, nothing haphazard, no clothes awry; no marks of a quick toilet; no hair out of place. The maid at home may have been late, his breakfast delayed, but these facts if I am lucky I may hear before the hour is over, and often I may hear them only the next day. He lies down and makes himself easy. He puts one hand over the other across his chest. He lies like that until the hour is over. Lately to my relief he has been able to scratch his nose or his ear when he has felt an irritation and a few weeks ago he even felt a sensation in the genitals. He talks the whole hour, clearly, fluently, in good diction, without hesitation and with many pauses. He speaks in a distinct and even voice for it expresses thinking and never feeling.

I have said I never hear him on the stairs, but for a few days prior to this hour just before he came into the room I had been aware of the smallest and discreetest of coughs. You will judge of the dearth of unconscious manifestations in bodily ways when I say my ear caught that tiny discreet cough with great joy. I made no reference to it hoping it might get louder. To draw this patient's attention to a manifestation of the unconscious is to stop it. His great aim is not to betray himself and to control anything that gives him away. Added to that is the fact that he becomes aware very quickly of any unconscious manifestation and so thwarts any spontaneity.

So on this day after the initial good-morning he lay down and said to my disappointment, in his customary even and deliberate voice: « I have been considering that little cough that I give just before I enter the room. The last few days I have coughed I have become aware of it, I don't know whether you have. To-day when the maid called me to come upstairs I made up my mind I would not cough. To my annoyance, however, I realized I had coughed just as I had finished. It is most annoying to do a thing like that, most annoying that something goes on in you or by you that you cannot control, or do not control. One would think some purpose is served by it, but what possible purpose can be served by a little cough of that description it is hard to think. »

(Analyst.) What purpose could be served?

(Patient.) Well, it is the kind of thing that one would do if one were going into a room where two lovers were together. If one were approaching such a place one might cough a little discreetly and so let them know they were going to be disturbed. I have done that myself when, for example, I was a lad of fifteen and my brother was with his girl in the drawing-room I would cough before I went in so that if they were embracing they could stop before I got in. They would not then feel as embarrassed as if I had caught them doing it.

(Analyst.) And why cough before coming in here?

(Patient.) That is absurd, because naturally I should not be asked to come up if someone were here, and I do not think of you in that way at all. There is no need for a cough at all that I can see. It has, however, reminded me of a phantasy I had of being in a room where I ought not to be, and thinking someone might think I was there, and then I thought to prevent anyone from coming in and finding me there I would bark like a dog. That would disguise my presence. The "someone" would then say, "Oh, it's only a dog in there."

(Analyst.) A dog?

(Patient.) That reminds me of a dog rubbing himself against my leg, really masturbating himself. I'm ashamed to tell you because I did not stop him. I let him go on and someone might have come in. (The patient then coughed.)

I do not know why I should now think of my dream last night. It was a tremendous dream. It went on for ages and ages. It would take me the rest of the hour to relate it all. But don't worry; I shall not bore you with it all for the simple reason that I cannot recall it. But it was an exciting dream, full of incident, full of interest. I woke hot and perspiring. It must have been the longest dream I ever had. I *dreamt I was taking a journey with my wife around the world, and we arrived in Czechoslovakia where all kinds of things were happening. I met a woman on a road, a road that now reminds me of the road I described to you in the two other dreams lately in which I was having sexual play with a woman in front of another woman. So* it happened in this dream. *This time my wife was there while the sexual event occurred. The woman I met was very passionate looking* and I am reminded of a woman I saw in a restaurant yesterday. She was dark and had very full lips, very red and passionate looking, and it was obvious that had I given her any encouragement she would have responded. She must have stimulated the dream, I expect. In the dream, *the woman wanted intercourse with me end she took the initiative which as you know is a course which helps me a great deal. If the woman will do this I am greatly helped. In the dream, the woman actually lay on top of me; that has only just come to my mind. She was evidently intending to put my penis in her body. I could tell that by the manœuvres she was making. I disagreed with this, but she was so disappointed I thought that I would masturbate her.* It sounds quite wrong to use that verb transitively. One can say "I masturbated" and that is correct, but it is all wrong to use the word transitively.

(Analyst.) To use the *verb* transitively is "all wrong?"

(Patient.) I see what you mean. It is true I have only masturbated myself. (Analyst.) Only?

(Patient.) I only remember masturbating another boy once and I forget all the details and I feel shy about mentioning it. That is the only time I can remember. The dream is in my mind vividly. There was no orgasm. I remember her vagina gripped my finger. I see the front of her genitals, the end of the vulva. Something large and projecting hung downwards like a fold on a hood. Hoodlike it was and it was this that the woman made use of in manoeuvring to get my penis. The vagina seemed to close round my finger. The hood seemed strange.

(Analyst.) What else do you think of-let the look of it be in your mind.

(Patient.) I think of a cave. There is a cave on the hillside where I lived as a child. I often went there with my mother. It is visible from the road along which one walks. Its most remarkable feature is that it has an overhanging top to it which looks very much like a huge lip. I used to think it was like a monster lip when I was a child. I suddenly think labia means lips. There is some joke about the labia running crosswise and not longitudinally, but I don't remember how the joke was arranged, some comparison between Chinese writing and our own, starting from different sides, or from bottom to top. Of course the labia are side by side, and the vagina walls are back and front, that is, one longitudinal and the other crosswise. I'm still thinking of the hood.

(Analyst) Yes, how now?

(Patient.) A funny man at one of the earliest golf courses I remember. He said lie could get me a golf bag cheaply and the material would be "motor hood cloth." It was the accent I remember. I shall never forget it. (Imitates it.) Imitating him like that reminds me of a friend who broadcasts impersonations which are very clever, but it sounds "swank" to tell you, as swanky as telling you what a marvellous wireless set I have. It picks up all stations with no difficulty.

My friend has a splendid memory. She remembers her childhood too, but mine is so bad below eleven years. I do remember, however, one of the earliest songs we heard at the theatre and she imitated the man afterwards. It was "Where did you get that bat, where did you get that tile?" My mind bas gone to the hood again and I am remembering the first car I was ever in, but of course they were called motors then when they were new. I remember the hood of it, that's "motor hood" again you see. Well! the hood of this motor was one of its most obvious features. It was strapped back when not in use. The inside of it was lined with scarlet. The peak of speed for that car was about sixty, as much as is good for the life of a car. Strange how one speaks of the life of a car as if it were human. I remember I was sick in that car, and that reminds me of the time I had to urinate into a paper bag when I was in a railway train as a child. Still I think of the hood.

(Analyst.) You said straps held it back?

(Patient.) Yes, of course, that makes me think of how I used to collect leather straps, of how I used to cut up leather straps. I thought I wanted the strips to make something usefill but I expect something quite unnecessary. I dislike thinking it was a compulsion; that's why the cough annoys me. I suppose I cut up my sister's sandals in the same way. I have only the dimmest memory of doing it. I don't know why nor what I wanted the leather for when I had done it.

But I suddenly thought of straps that one secs a child fastened by in a "pram" and immediately I wanted to say there was no "pram" in our family, and I then thought how silly you are, you must have had a "pram." I can't recall it any more than I can remember seeing my father in his invalid chair being wheeled about, though I have a vague memory of seeing the chair.

I've suddenly remembered I meant to send off letters admitting two members to the Club. I boasted of being a better secretary than the last and yet here I am forgetting to give people permission to enter the Club. "Ah well, we have undone those things we ought to have done and there is no good thing in us."

(Analyst.) Undone?

(Patient.) Well, I was going to say that that phrase made me think of "fly buttons," which I never leave undone, never forget, but to my astonishment last week my wife noticed I had. It was at dinner and I surreptitiously did them up under the table. And I recall now a dream in which you remember a man was telling me to fasten up my coat buttons. This reminds me of straps again and of how as a child I had to be pinned in bed at night lest I should fall out. I expect I was strapped in the pram too.

I will now review the recurring themes of the latent thoughts in the order as they appeared.

1. The cough.

2. Ideas concerning the purpose of a cough.

(a) Brings thoughts of lovers being together.

(b) Rejection of sexual phantasy concerning analyst.

(c) Phantasy of being where lie ought not to be, and barking like a dog to put people off the scent.

(d) Dog again brought memory of masturbating a dog.

At this juncture lie coughed (compare with bark) and suddenly lie remembered the dream.

3. The next theme was the dream. In the recital of this was the vivid picture of the actual woman lie saw with (a) full lips, (b) The dream woman's vulva with a projection like a hood which she was using in some manoeuvre to get his penis. This occurred on a road associated in his mind with two dreams in which he was having sexual play with a woman in the presence of another.

During the recital while telling about the sexual play in the dream be objected to using the verb "masturbate" transitively; "it seemed all wrong."

4. The next theme was that of the hood; leading him to remember the cave and the overhanging top of the cave which was like a lip.

5. Then he passed from labia and lips to ideas of things running cross-wise and longitudinal and a joke be could not remember. He thought again of "hood."

6. The next theme came via hood to motor-hood cloth remembered because of a man's accent. He imitated this accent himself.

7. This brought him to his friend's clever impersonations and a particular one of impersonating a man. He deprecated his "swank"

about his friend as he did about his marvellous wireless set. Her memory and his bad one (now remembers).

8. He went back to « hood « again and remembered the first car he was ever in. It had a hood lined with scarlet which was strapped up. He was sick in the car and then lie remembered urinating as a child in the train.

9. The "hood" with straps recalled a period in his childhood when he compulsively cut up leather straps and on one occasion his sister's sandals.

10. Straps made him think of children strapped in prams. He inferred he must have had a pram. There had been two children older than himself.

11. He remembered he had not sent tickets admitting new members to the Club. He had left undone those things he should have done.

12. Leaving fly buttons undone.

13. The dream in which he was told "to button up."

14. He returned then to straps and remembered being told that he used to be pinned in bed lest he fell out, and supposes lie was strapped in the pram too.

The first thing of importance is to find the cardinal clue to the significance of the dream. We can do that by noting just the moment when it came to the patient's mind. He had been speaking of the incident of a dog masturbating on his leg. The moment before he had been speaking of imitating a dog himself, that is, lie identified himself with dog. Then he gave a cough. Then be remembered the dream, a long and exciting dream from which he awoke hot and perspiring. The deduction concerning the significance of the whole dream is that it is a masturbation phantasy. That is of first importance. The next thing to notice in connection with this masturbation phantasy is the theme of potency. He is travelling round the world. It is the longest dream he has ever had. It would take a whole hour to relate. Correlate with that his deprecation of "swank" regarding his friend's impersonations which are broadcast to the world, and his own wireless set which picks up every station. Note his own imitation of the man whose accent attracted him, a strong colloquial accent, and incidentally he said with regard to this man "he had once been a butcher." Impersonation here, whether via friend or himself, has the significance of imitating a stronger or better-known person. This is again a further clue to the meaning of the masturbation phantasy, that is, a phantasy in which he is impersonating another person, one of immense power and potency.

The next question that arises from that is why this phantasy of extreme power? The answer is given in the dream. He is going round the world. I would put as commensurate with this idea the actual memory that came to him when he was describing the hood in the dream which was so strange, for it brought out not only the fact that he was describing a projection, a fold of a hood, but that the hood was also overhanging like a lip of a cave. So that we get directly the hood and lips of the vulva compared with the great cave on the hillside to which he went with his mother. Hence the masturbation phantasy is one associated with immense potency because he is dreaming of compassing mother earth, of being adequate to the huge cave beneath the protruding lips. That is the second thing of importance.

Next I would draw your attention to the associations concerning lips and labia. The woman who was a stimulus for the dream had full red passionate lips. In the dream he had a vivid picture of the labia and the hood. The cave had an overhanging lip. He thinks of things longitudinal like labia and then of cross-wise things-where I would now suggest the mouth as compared with the vulva.

He thinks, moreover, of the first motor he was in and of its hood and of the scarlet lining in that motor. He then thinks immediately of the speed of the car, and says "the peak of its speed" was so many miles an hour, and then speaks of "the life of the car" and notices that he talks of a car as if it were human.

From the fact of the dream picture of the vulva and the hood, with the wealth of other associations that give the picture of «red inside» and projecting lips and hood I should deduce that the memory of the actual cave which he visited with his mother also acts as a cover memory. I would deduce that there is projected on to the motor with its scarlet lined hood this same forgotten memory and that the peak of speed has the same significance as the projection in the genitals in the dream-it is the peak of the hood. I infer there is an actual repressed memory of seeing the genitals of someone much older than himself; of seeing them when he was very tiny and I infer this from both the car and the cave and going round the world in conjunction with the immense potency required. The peak, the hood, I interpret as the clitoris. The patient's sister is eight years older than himself. Considering the references made to his woman friend's voice, that is to sound, accent, sound of a man's voice, and considering that the reference to her is in connection with male impersonation, I deduce that at least when very tiny he saw her genitals, noticed the clitoris, and heard her urinate. But considering all the work in analysis we have done so far I believe in addition there was some babyhood situation in which he had a quite definite opportunity of seeing his mother's genitals. I mean by this, some situation such as might occur by a child being laid on the floor on a blanket. It is the only explanation I have up to the present of understanding the special importance of certain lightings that this patient favours in making pictures, namely lighted from below. One more clue I have to the woman in the dream is that she is dark. His actual selection among woman has been the blonde and golden-hair type. He has on previous occasions told me that his mother was dark-haired and that he has always correlated passion in woman with dark hair.

The next thing of importance is the evidence afforded of childhood masturbation. We have the recall of the dream in which lie is told to button up and the fact that this dream is remembered in conjunction with the memory of being pinned in bed. This he says was to prevent his falling out of bed. In connection with this I correlate material from other analyses in which he has told me that he was pinned in bed because lie was "so restless" and also that on occasions he has remarked that he can think of nothing so infuriating to a child as to be hampered in movement, restricted in any way, but lie did not know why he felt so sure about this as he never remembered any time when he was not allowed freedom. From these references to "straps" and "being pinned in bed," one is justified in deducing some restriction of his movements in early childhood connected with masturbation, and that this early masturbation was in its phantasy content of the same nature as the present-day dream.

We can now proceed with further details. We have two references to compulsion. The first is in connection with the "little" cough which in spite of effort he Les involuntarily-a fact which is extremely distasteful to him. The other is the reference to the early boyhood compulsion of cutting straps, the cutting up of his sister's sandals. Very reluctantly he has admitted that this cutting was compulsively done. The point to notice in the reference to this compulsive aggressiveness is the sequence in which it occurs, namely straps, straps of a pram, refusal to think there was a pram, then the thought that there must have been a pram, then that there had been other children before him, and finally at that point he remembered that he had forgotten to send tickets to two new members of the Club. This sequence gives us the right to interpret that his difficulty in remembering that there was a pram which he must have had and as he says "there were other children" was due to his not wanting his mother to have other children after himself, and further that his early aggression exhibited in "cutting" was definitely aggression towards the possible and hated rivals. The present-day manifestation of this is to neglect to send tickets to admit new members. The childhood phantasy was to cut them up or cut them out.

We can make still further inferences. Immediately lie mentioned the fact that he had forgotten to send these tickets of admission he said: "We have left undone those things we ought to have done" and he was reminded of the fact that quite recently a most unusual thing happened: he found his fly buttons were unfastened. The unconscious wish to exhibit his penis is implicit in this "forgetting," but taken in its setting in the sequence of references first to aggressiveness by the cutting, then to not sending tickets, the penis is unconsciously associated with phantasies of aggression. I am justified here by virtue of past analyses in linking up aggressive phantasies connected with the penis, not only with masturbation, but with bed-wetting, since the restlessness referred to which caused his being pinned in bed has also been spoken of in connection with bed-wetting on previous occasions. You will notice that by this reference to leaving his fly buttons undone he recalled a dream where a fatherfigure exhorted him to fasten up his buttons.

This leads me to a further inference. In speaking of the cough his first thought was of warning two lovers of his approach. He remembered warning in this way his brother and a girl friend when they were together. One knows what this warning will bring about before the younger brother gets into the room. The lovers will have put some distance between themselves. He will by his cough have separated them. To use his words: "Then they will not be embarrassed by my intrusion." Now again I am justified in my surmise concerning this extreme solicitude not to be embarrassing. Some time ago he attended a function at which the King and Queen were to be present. He came up to town in his car. He developed anxiety about this and for some time it was not clear what specific phantasy was the reason of it. It turned out to be this: "Suppose, not knowing exactly where lie would park the car, suppose just at the moment the King and Queen were arriving lie blocked the way with his car and could not get it to move, and so hindered the progress of the royal pair-a most embarrassing situation."

So that in the discreet cough before he enters the room we have the pale attenuated representation of an infantile situation in which he hindered the progress of the royal pair, not by discretion, not by immobility, but by sudden movement of his bowels, or by crying, which one infers was effectual in its purpose.

With regard to one specific detail in the dream, namely the projection which he thinks the woman is manoeuvring to get hold of his penis, one is justified in going as far in interpretation as this: namely that in light of the aggressive phantasies that have been evinced the woman's genitals will be aggressive towards him. Note the actual danger places: (I) the projection which is equivalent to a penis, (2) the vagina. He will not trust his penis in the vagina, he will put in a finger. Moreover, the mouth and vagina have been equated through the association of «over-hanging lips» and in the reference to the longitudinal and cross-wise openings; hence we have here the phantasy of the vagina being like the mouth with teeth.

To interpret more than this would be to guess. The actual interpretations I have given arise directly out of the material of the hour either by direct association, or by noticing the setting of the thoughts in sequences, or by connection of the associations in this hour with those given in another.

This is the attempt to get the full significance of everything said.

I did not interpret to the patient as I have done here. I had to select from the whole what was the most important thing to help towards bringing the repressed material into consciousness. I was guided in selection by the patient's need, namely his fear of aggressive bodily movements. The thing I selected first was the cough. I selected it because it was the one direct transference manifestation of a compulsive nature made during the hour which could in any way make a link with the repressed compulsive aggressive acts of childhood.

I referred to the fact that lie had twice use the word "little" in describing his cough and said that by using this word lie was under-estimating a phantasy connected with the cough. I referred then specifically to the dream and pointed out how the dream as a whole indicated immense power, great potency.

Then I directed his attention to the purpose of the cough in the direct reference to separating lovers and said some phantasy of that kind must now be unconsciously associated with myself. He had said that he would not bore me by a long recital. I then referred to the "King and Queen" incident and surmised that the omnipotent phantasy was rooted in early infancy where he had been able to stop or interrupt his parents.

After this I correlated the associations made to aggression and deduced that lie had wished to prevent any more children being born; because there had been no more children born after him his aggressive phantasy of omnipotence had been reinforced by this fact, and thus further enhanced his dread of his mother, as a revenging person. I then affirmed my conviction of his actual sight of his mother's genitals and the projection on to thern of revenge phantasies which were to be correlated with the phantasies of aggression associated with his own penis as a biting and boring thing, and with the power of his water. All this I said was the significance of the masturbation which the dream represented.

Now I will indicate very briefly what were the outstanding features of the two following hours of analysis.

The next day the patient said that he had not coughed coming up the stairs, but that lie had had a slight colicky pain. This led him to think of his attacks of diarrhoea in childhood and that with colic there is very often explosive flatus. "I wonder," lie said, "if the cough really meant wind and diarrhoea?" I replied, "Now you have found its meaning for yourself." During this hour he was occupied by the problem of his difficulty in tennis in putting a shot just so that it should corner his opponent.

The following day he informed me that he had had a colicky pain on leaving the house the day before. Then he proceeded to tell me that he had been unable to use his car because certain repairs had not been finished. The garage man was so very good, so very kind; it was impossible to be angry with him. Still he would like to have his car. Not that the car was imperative for him at the moment; it was not a necessity, but lie wanted it, he liked it.

At this juncture I drew a comparison between the kind and good garage man with whom he could not get angry and his father. This the patient said exactly expressed his feelings about his father in memory. Then for once I was able to deal with the libidinal wishes, «not that the car was a necessity, but he wanted it.» I have had to avait a long time for the chance to make this interpretation. Here at last libidinal desire was expressed. On the following day the patient had a confession to make. For the first time since lie was a tiny boy he had wet the bed during sleep.

Thus in these three analytic hours the bodily manifestations in order were the cough, colic pains, and actual bed-wetting. With this last we had made the first real contact with the rivalry situation with his father in infancy.

In this hour I was able to speak convincingly of the father transference as evinced in the analysis, and the aggressive rival phantasies towards him that in infancy were expressed in bodily ways.

I missed a chance at one spot of asking for more information, an obvious omission, although with this patient I do not interrupt more than is necessary for progress. I refer to the element m the dream of "Czechoslovakia."

Finally you will understand why I said so little, why I interpolated few questions and those couched in almost monosyllables. The reason is given in his dream and his remark «The woman took the initiative. If the woman will only take the initiative then I am greatly helped,» which means that his problem of infantile aggression is shelved again To help this patient I must on occasions of this kind let him take the initiative as far as I can make it possible.

Two dreams in which definite father-figures appeared followed the one I have given. On the tennis court one day in the week that followed this analytic hour an opponent who beat him began to tease him about his poor play. My patient got hold of his tormentor round his neck and held him playfully in a strangle grip and warned him never to tease him again. This is the first time since he was an adolescent that he has been able to touch a man in any kind of playful way at all-still less to make a demonstration of his physical strength.

CLÍNICA Y DESEO:
RELECTURA DE CUATRO CASOS CLÍNICOS
de Marcela Martinelli se terminó de imprimir
en diciembre del 2017 en la Ciudad de México,
la edición estuvo a cargo
de Casa Editorial Abismos.
Se imprimieron 500 ejemplares.